Loslassen und Atem schöpfen

Meditationsbücher für Frauen

Ellen Sue Stern

Loslassen und Atem schöpfen

Tägliche Meditationen, die guttun

Aus dem Englischen von
Ursula Ibler

SCHERZ

Für meine Eltern, Frank und Rosalie Kiperstin,
in Liebe und Dankbarkeit

Die Originalausgabe erschien unter dem Titel
«Running on Empty - Meditations for
Indispensable Women» bei
Bantam Books, New York.

Erste Auflage 1998

Umschlaggestaltung: Gerhard Noltkämper
unter Verwendung einer Illustration
von Anita Valentin

JANUAR

Es ist einfacher, wenn ich das selber mache.

Ellen Sue Stern

Das ist ein weitverbreiteter Kriegsruf von Frauen. Und bis zu einem gewissen Grad entspricht er völlig der Wahrheit. Es ist in der Tat einfacher, etwas selber zu machen, als darauf zu warten, daß jemand anders es tut, oder anderen beizubringen, wie man etwas macht, oder nachsichtig zu sein, wenn sie es nicht richtig gemacht haben. Doch auf die Länge führt die Übernahme von zuviel Verantwortung bloß zu Erschöpfung, zu dem Gefühl, die Batterie sei leer.

Am Anfang des neuen Jahres wollen wir uns bewußtmachen, daß wir, wenn wir einen Teil unserer Verantwortung abgeben, dafür frei werden, uns auf das zu konzentrieren, was wirklich wichtig ist. Lassen wir den Erholungsprozeß also mit dem guten Vorsatz beginnen:

Ich werde mir sehr gut überlegen, wofür ich meine Energie einsetzen will.

O weh! O weh! Ich werde zu spät kommen!

Lewis Carrolls Weißer Hase

Rennen, rennen, rennen – wie der Weiße Hase in «Alice im Wunderland». Doch was soll die ständige Hetze?

In der übertriebenen Hast, irgendwohin zu gelangen, vergessen wir, wo wir eigentlich hinwollen. Jeder Tag ist ein einziger, langer Wettlauf mit uns selber, doch ohne Aussicht, ihn zu gewinnen. Wir können uns gar nicht unseres Lebens freuen, wenn wir ununterbrochen nur weiterhasten.

Es ist nötig, daß wir das Tempo verlangsamen und uns Zeit lassen. Wir hätten es verdient, das Leben zu genießen und nicht einfach hindurchzueilen.

Wenn etwas wirklich wichtig ist, dann kann ich mir die Zeit nehmen, es wirklich gut zu machen.

Zwei Wahrheiten bewahre in deiner Tasche und nimm jeweilen nur die heraus, die du gerade nötig hast. Die eine sei: Um meinetwillen wurde die Welt erschaffen. Die andere sei: Ich bin nichts als Staub und Asche.

Chassidische Weisheit

Inneres Gleichgewicht gewinnen wir nur dann, wenn wir uns selber zugeben, ganz normale Menschen zu sein – uns weder für großartig noch für minderwertig halten; uns weder einbilden, für die Behebung aller Übel zuständig zu sein, noch glauben, wir seien unfähig, auch nur irgend etwas richtig zu machen.

Es ist eine solche Erleichterung, damit aufzuhören, sich unentbehrlich machen zu wollen, nicht mehr das Gefühl zu haben, die Welt höre auf, sich zu drehen, sobald wir loslassen.

Das Universum wird sich weiterentwickeln – auch ohne unser Dazutun.

Ich gehöre hierher zusammen mit allen anderen Lebewesen.

Alles ist entweder Liebe oder Furcht. Was nicht Liebe ist, das ist Furcht. Was nicht Furcht ist, das ist Liebe.

Anonym

Nicht genug Zeit. Nicht genug Energie. Nicht genug Liebe.

Furcht beherrscht unser Leben; die Angst, zu kurz zu kommen, läßt uns ständig drängen und hasten, bis wir dem Zusammenbruch nahe sind.

Uns selber verrückt zu machen führt nicht dazu, daß wir mehr erreichen. Im Gegenteil, unsere Leistungsfähigkeit steigert sich, wenn wir entspannt und unser selbst sicher sind. Statt uns zu zermürben und uns zu sorgen, werden wir uns bewußt, daß klare, reine Energie uns durchströmt, wenn wir uns selbst lieben und darauf vertrauen, daß das Universum uns trägt.

Ich habe alles, was ich brauche.

Wer gut aussieht, muß nicht unbedingt auch gut sein.

Redensart

Was diese weitverbreitete Redensart sagen will, ist: Innere Schönheit beruht nicht auf äußerem Erfolg.

Ganz gleich, wie aufgeklärt Eltern auch sein mögen, wir alle werden mit einer Liebe erzogen, die niemals bedingungslos ist. Daher haben wir das Gefühl, wir müßten Erwartungen erfüllen und etwas leisten, um geliebt und akzeptiert zu werden.

Wahre Schönheit aber kommt aus unserem inneren Wesen, nicht aus unserem Bemühen. Wir schätzen die Menschen, die wir lieben, um ihrer selbst willen, nicht weil sie einen großartigen Job haben oder fabelhaft kochen können.

Es wird Zeit, daß wir dieselbe Wertschätzung auch für uns selber haben.

Ich bin nicht nur das, was ich äußerlich erreicht habe.

Frauen sind der Leim, der unseren Alltag zusammenhält.

Anna Quindlen

Wir Frauen sind unglaublich. Wir lieben mit völliger Hingabe, geben manchmal so lange, bis wir uns selber weggegeben haben. Dann sind wir ausgezehrt und erschöpft. Am Anfang sind wir voller Begeisterung, am Ende aber empfinden wir nur noch Groll.

Woran scheitern unsere guten Absichten? Etwas ganz Wichtiges fehlt uns: die Fähigkeit, uns selber wenigstens ebenso hoch einzuschätzen wie die anderen.

Zuerst an sich selbst zu denken ist *nicht* egoistisch. Es ist vielmehr eine Notwendigkeit, damit wir unsere Kräfte bewußt sammeln und in eine bestimmte Richtung lenken können.

Ich kann nur geben, wenn ich selbst erfüllt und ausgeruht bin.

Und am siebenten Tage ruhte Gott von allen seinen Werken.

1. Mose 2,2

Oft werden wir nur krank, damit wir aus der Hetzjagd aussteigen, uns unter die Bettdecke verkriechen und in einen tiefen, wohltuenden Schlaf versinken können. Wir sind völlig ausgelaugt, und dennoch wollen wir keine Ruhe- und Erholungspausen in unser Leben einbauen. Ruhe und Relaxing sind jedoch wesentlich, damit wir unsere Leistungsfähigkeit richtig ausnutzen können, ohne unserer Gesundheit zu schaden. In Ruhezeiten regenerieren sich unsere Kreativität und unser ganzes Sein.

Wenn wir nicht aufhören können zu rennen, dann rennen wir wahrscheinlich vor etwas davon. Es braucht Mut, still zu sein und auf seine leise innere Stimme zu horchen.

Jeden Tag werde ich mir eine Viertelstunde Zeit nehmen, um auszuruhen und nachzudenken.

Wir gehen an das Leben heran, als handle es sich um eine Aufgabe, die mit einem guten Zeugnis belohnt wird.

Ellen Sue Stern

Frauen, die sich für unentbehrlich halten, erscheint alles wie eine Hausaufgabe oder eine Klassenarbeit. Wie Schulkinder, die Angst vor ihrem Lehrer haben, verkrampfen wir uns und machen uns nur noch Sorgen, ob wir die Prüfung bestehen werden.

Aber wir verteilen unsere Noten nach einer falschen Wertskala. Statt uns ein E für Erfolg und ein V für Versagen zu geben, sollten wir uns lieber mit goldenen Sternen belohnen, weil wir unser Bestes geben und auch, weil wir uns des Lebens freuen.

Denn das Leben an sich ist schon Belohnung. Wenn wir aber unseren Blick immer nur auf das Endziel richten, auf das Ergebnis, statt auf den Weg dorthin, dann vergessen wir das Beste am Leben – nämlich zu leben.

Ich bin für mein Leben selber verantwortlich und werde entscheiden, was gut genug ist.

Wenn wir uns keine Sorgen machten, hätten die meisten von uns das Gefühl, gar nicht lebendig zu sein.

Jiddu Krishnamurti

Sich ständig Sorgen zu machen über Probleme und wie sie zu lösen sind, ist eine aufreibende Beschäftigung der Frauen, die sich für unentbehrlich halten, die darin eine Herausforderung, eine Stimulation sehen, um sich wichtig zu fühlen.

Doch was geschieht, wenn es einmal nur an einem einzigen Tag nichts gibt, worüber man sich Sorgen machen kann? Nichts, was in Ordnung gebracht werden muß? Wenn man einfach das Leben genießen könnte, ohne ein Problem lösen oder irgend jemanden retten zu müssen?

Das Sorgentheater lenkt uns davon ab, tiefere Gefühle der Trauer oder der Sehnsucht zu empfinden. Es beschäftigt uns im Kopf statt im Herzen.

Mein Leben ist zu kostbar, um es an Sorgen zu verschwenden.

«Warum verkaufst du diese Pillen?» fragte der kleine Prinz. – «Weil sie eine große Zeitersparnis sind», sagte der Händler. «Die Sachverständigen haben Berechnungen angestellt. Man erspart mit ihnen dreiundfünfzig Minuten in der Woche.» – «Und was macht man mit diesen dreiundfünfzig Minuten?» – «Man macht damit, was man will ...» – «Wenn ich *dreiundfünfzig Minuten übrig hätte», sagte der kleine Prinz, «würde ich ganz gemächlich zu einem Brunnen laufen.»* Antoine de Saint-Exupéry

Was nützt uns eine gesparte Viertelstunde, wenn wir sie damit verbracht haben, uns Sorgen zu machen? Eine vielbeschäftigte Frau erzählte mir folgende Geschichte: Eines Abends, als sie sich beeilte, das Abendessen auf den Tisch zu bringen, bettelten ihre beiden Kinder, vier und sechs Jahre alt, darum, ihr bei der Zubereitung der Spaghetti helfen zu dürfen. Erschöpft wehrte sie ab, von Panik ergriffen, weil sie im Geist schon den ganzen Küchenboden voll Spaghettisauce sah. Doch dann besann sie sich und ging auf die Kinder ein. Gemeinsam wirbelten sie die Spaghetti herum, formten Buchstaben und Strichmännchen und amüsierten sich köstlich.

Schließen Sie die Augen und vergegenwärtigen Sie sich die drei wichtigsten Dinge in Ihrem Leben. Nehmen Sie sich Zeit für sie? Wenn nicht, dann fangen Sie jetzt gleich damit an!

Heute werde ich mir eine Tätigkeit aussuchen, sie langsam ausüben und mir Zeit lassen, diese Erfahrung bewußt zu genießen.

Beziehungen entstehen dann, wenn wir Ernst damit machen, unser krankhaftes Verhalten zu ändern.

Melody Beattie

Unentbehrlichkeit ist ein Mittel, um Vertrautheit zu vermeiden. Und es funktioniert! Wir sind so tüchtig, daß wir scheinbar die Unterstützung und Zuneigung anderer gar nicht brauchen.

Wir vergessen dabei, daß zum Lieben dazugehört, auch die anderen geben zu lassen. Wir stoßen diejenigen, die wir lieben, zurück, verschanzen uns hinter lauter wichtigen Pflichten, die Vorrang vor allem anderen haben. Wir sind zu beschäftigt für Gefühle, und das macht Vertrautheit unmöglich.

Doch Unentbehrlichkeit ist kein Ersatz für Liebe. Sie verwandelt uns in Roboter, macht uns einsam und gefühlskalt. Vertrautheit aber verlangt Wärme, das Eingeständnis, daß wir einen anderen Menschen brauchen. Es ist ein Risiko, das einzugehen sich lohnt.

Wenn die Leute mich wirklich kennen würden, wüßten sie, was für ein feiner Kerl ich bin.

Wie ist die moderne Frau? Sie fällt weder in Ohnmacht, noch versinkt sie in Melancholie. Ihr Preis ist höher als der von Rubinen. Und sie ist unentwegt in Eile.

Norma Rosen

Wenn man bei den Juden das Lob einer Frau singen oder sie preisen will, so nennt man sie eine «tapfere» Frau.

Was immer unsere Religionszugehörigkeit sein mag, man hat uns wahrscheinlich gelehrt, daß eine «gute» Frau gibt und gibt, oft ohne Rücksicht auf ihre eigenen Bedürfnisse. Aufopferung ist gleichbedeutend mit Heiligkeit.

Vielleicht sollten wir heute neu definieren, was es heißt, ein Juwel von einer Frau zu sein und mit den unglaublichen Anforderungen des modernen Lebens zu jonglieren. Wir wollen jenen unentbehrlichen Frauen einen Orden verleihen, die sich selber einen Tag der geistigen Gesundheit zugestehen; die genügend um ihr eigenes Wohl besorgt sind, um ab und zu innezuhalten.

Ich habe eine hellere Ausstrahlung, wenn ich ausgeruht bin.

Noch auf dem Totenbett wird die sich für unentbehrlich haltende Frau vor ihrem inneren Auge das Leben der anderen, und nicht das eigene vorbeiziehen sehen.

Anonym

Die unentbehrliche Frau wird auf ihrem Totenbett noch die Sitzordnung für ihr Begräbnis bestimmen.

So verrückt es klingen mag, aber wir sind imstande, auch noch bei unserem letzten Atemzug die Angelegenheiten anderer Leute unsere eigenen Bedürfnisse überschatten zu lassen. Wenn wir unsere ganze Aufmerksamkeit auf andere Menschen richten, können wir uns erstens gebraucht fühlen und haben obendrein den perfekten Vorwand, uns nicht mit den schmerzlichen Seiten unserer eigenen wachsenden Probleme auseinandersetzen zu müssen.

Doch unser eigenes Leben sollte im Grunde absoluten Vorrang haben. Wohl können wir im Leben anderer eine Rolle spielen, aber es kommt uns teuer zu stehen, wenn wir uns anmaßen, auch Regie zu führen.

Ich bin für mich verantwortlich. Die anderen sind für sich selber verantwortlich.

Wenn du traurig bist, lerne irgend etwas.

Merlin

Wenn ich traurig bin, entwickle ich einen ungeheuren Tatendrang. Plötzlich wasche ich den Küchenboden auf, erledige dringende geschäftliche Telefongespräche oder schreibe endlich den Artikel fertig, den ich schon lange vor mir herschiebe.

Es ist leichter, sich in Aktivitäten zu stürzen, als traurigen Gedanken nachzuhängen. Dabei ist Traurigkeit ein großes Geschenk. Sie gibt uns Gelegenheit, in uns zu gehen und tief in unserem Inneren neue Wahrheiten über uns zu entdecken. Unsere Traurigkeit gibt uns wichtige Hinweise, wonach wir uns sehnen, was wir nötig haben, um uns friedlicher und erfüllter zu fühlen.

Ich heiße meine Traurigkeit willkommen und vertraue darauf, daß ich nur so viel davon empfinde, wie ich mir erlauben kann.

Die unentbehrliche Frau hegt den Wunsch, auf eine einsame Insel zu entfliehen, wo niemand, gar niemand auch nur irgend etwas von ihr erwartet. Aber der Welt gegenüber gibt sie sich den Anschein, als erwarte sie zur «Frau des Jahres» erkoren zu werden.

Ellen Sue Stern

Unser Inneres und Äußeres passen nicht zusammen. Inwendig sind wir müde, ausgezehrt und der vielen Ansprüche überdrüssig, die von allen Seiten an uns gestellt werden. Nach außen aber sieht es so aus, als würden wir mit alledem spielend fertig.

Solange wir das Bild unserer Unfehlbarkeit pflegen, schaufeln wir unentwegt unser eigenes Grab. Wenn niemand weiß, daß wir Hilfe brauchen, wird auch niemand uns zu Hilfe kommen.

Wir haben panische Angst, uns eine Blöße zu geben, uns auch nur einen Augenblick als normale Sterbliche statt als Ausnahmeerscheinung zu zeigen. Dabei wären wir überrascht zu erfahren, wie liebevoll und hilfreich Mitmenschen sein können, wenn wir ihnen unsere wahren Gefühle zeigen – auch unsere Erschöpfung.

Ich brauche nicht auf eine einsame Insel zu fliehen, um eine Erholungspause einzuschalten.

Ich brauche mir nur die Liste dessen anzusehen, was ich alles zu erledigen habe, dann weiß ich, wer ich bin.

Karen T.

Die Vorstellung, die wir von uns selber haben, beruht zum großen Teil auf dem Maß unserer Verantwortlichkeiten. Es ist, als ob unsere Identität von all den zerknitterten Besorgungszetteln abhängig sei, die wir in unserer Handtasche mit uns herumtragen.

Eine Liste zusammenzustellen, sie zu lesen und immer wieder ein paar Punkte als «erledigt» abzuhaken gibt uns das schöne Gefühl, alles unter Kontrolle zu haben. «Ich hab jetzt alles im Griff», sagen wir uns mit einem tiefen Seufzer der Erleichterung, oder: «Seht her, was ich alles zu tun habe. Ich muß ja wichtig sein.»

Listen sind eine gute Sache für die Organisation des Lebens, solange wir uns nicht von ihnen versklaven lassen. Sie sollen uns Hilfestellung leisten, nicht aber uns unter Druck setzen.

Ich weiß, wer ich bin, wenn ich in mich hineinschaue.

Der Wille muß der Bereitwilligkeit weichen. Macht löst sich im Mysterium auf.

Gerald G. May

Wir versuchen, den Lauf unseres Schicksals zu lenken, weil wir meinen, jeden einzelnen Schritt im voraus festlegen zu können, damit unser Leben genau richtig verläuft.

In Wirklichkeit kommt es jedoch darauf an, loszulassen und empfangsbereit zu sein. Schicksalsergebenheit bedeutet, mit ehrlichem, offenem Herzen unsere Zweifel aufzugeben. Sie bedeutet, die richtige Gelegenheit zum Handeln zu erkennen und ganz darauf zu vertrauen, daß auch der nächste Schritt sich zur rechten Zeit von selbst ergeben wird.

Das Leben ist eine großartige Reise mit interessanten Kehren und Windungen. Ich kann eine Schleife fahren, ohne meinen Weg zu verlieren.

Und ich arbeite Tag und Nacht daran,
Gutaussehend, gesund und gescheit zu sein.
Und bewundert.
Und zufrieden.
Und tapfer.
Und belesen.
Und eine fabelhafte Gastgeberin,
Phantastisch im Bett,
Und zweisprachig,
Sportlich,
Kunstsinnig …
Ach, könnte mir nicht bitte jemand Einhalt gebieten?

Judith Viorst

Der unentbehrlichen Frau genügt es nicht, eine Sache gut zu können oder auch zwei. Kaum beherrschen wir ein Gebiet, begeben wir uns schon aufs nächste. Es ist sehr anstrengend, sich fortwährend zur Aktivität anzutreiben. Und wozu? Um andere zu beeindrucken? Um die uns nötige Anerkennung und Liebe zu erhalten?

Der Drang, in jeder Hinsicht perfekt zu sein, entsteht aus einer tiefen Unsicherheit. Doch wir mögen noch soviel geleistet haben, es wird nie ausreichen, daß wir uns geliebt fühlen. Uns selbst zu lieben heißt, unsere Begabung *und* unsere Grenzen zu akzeptieren.

Nur mein ehrlicher Wunsch, mich einer Sache anzunehmen, ist für mich ein ausreichender Grund, dies auch zu tun.

Zuerst sage ich nein, doch dann rufe ich zurück. «Es tut mir leid, aber eigentlich wollte ich ja sagen.»

Anonym

Wir bekommen es mit der Angst zu tun und kapitulieren. Nein zu sagen ist riskant; wir fürchten, der andere werde wütend oder kündige uns die Freundschaft, wenn wir einmal nicht auf eine Bitte eingehen.

Gesunde Beziehungen verlangen deutlich abgesteckte Grenzen. Und deutliche Grenzen können nur von Menschen festgelegt werden, die ein deutliches Selbstbewußtsein haben.

Wenn uns unsere Zeit, Kraft und Fähigkeiten etwas wert sind, dann wählen wir bewußt, wofür wir sie einsetzen. Manchmal sagen wir ja, manchmal nein. «Wählerisch» zu sein ist weit besser, als sich mißbrauchen zu lassen.

Nein zu sagen braucht Übung. Ein kleiner Kunstgriff ist, sich niemals sofort zu verpflichten. Lieber sage man: «Ich rufe zurück», oder: «Ich möchte mir das überlegen.» Wenn wir uns etwas rar machen, werden andere uns entsprechend behandeln.

Ich habe gelernt, ja zu sagen. Ich kann auch lernen, nein zu sagen.

Wo andere Liebe und Zufriedenheit finden, müssen wir uns vielfach immer noch mühsam ins Gedächtnis rufen, daß wir wertvoll sind und Helden schon dadurch, daß wir leben.

Elia Wise

Das Leben ist ein Kampf für jeden, der in seiner Kindheit Verletzungen erlitten hat, die verheilen müssen. Ganz gleich, wer wir als Erwachsene sind, das Kind in uns verlangt danach, getröstet und geliebt zu werden. Wir möchten immer wieder versichert bekommen, daß es nicht unsere Schuld war, ja, daß es wertvoll und heldenhaft von uns war, daß wir überlebt haben.

Das Bedürfnis, sich unentbehrlich zu machen, ist oft ein Überlebensmechanismus. Auf diese Weise können wir mit einem uns zugefügten Schmerz fertig werden.

Doch das Kind tief in uns hat Trost nötig. Und ebenso der Erwachsene. Seien Sie daher sehr sanft im Umgang mit sich selbst, und sehen Sie, wie weit Sie schon gekommen sind.

Jeden Tag verheilen meine seelischen Wunden ein wenig mehr.

Ein Geist, der rasch ist, der ist krank.
Ein Geist, der langsam ist, der ist gesund.
Ein Geist, der still ist, der ist göttlich.

Meher Baba

Rasch zu denken – teils, weil wir über so vieles nachzudenken haben, teils, weil wir den anderen immer um eine Nasenlänge voraus sein müssen – hindert uns, auch gut zu denken.

In unserem Kopf herrscht nur noch ein Durcheinander, und wir verlieren die Orientierung; wir können den Dingen nur noch sehr oberflächlich Aufmerksamkeit schenken.

Wenn wir uns Zeit nehmen, langsamer vorzugehen und unsere Gedanken zu ordnen, treffen wir kluge und fundierte Entscheidungen, denn wir können alle Gesichtspunkte berücksichtigen.

Wenn aber unser Geist still ist, sich in einem meditativen Zustand befindet, dann durchströmt uns das Wissen ganz mühelos. Dann schmerzt unser Kopf nicht mehr vom Denken.

Ich weiß mehr, als mir bewußt ist.

Was ist das Gegenteil von einer unentbehrlichen Frau? Eine entbehrliche Frau? Oder eine verfügbare Frau?

Ellen Sue Stern

Wir funktionieren, als gäbe es für uns nur zwei Gangarten: Höchstgeschwindigkeit oder Zusammenbruch und Stillstand – und nichts dazwischen.

Aus Angst davor, ganz gewöhnliche normale Menschen zu sein, verschanzen wir uns hinter unserer Unentbehrlichkeit. Werden unsere Kinder, wenn wir ihnen etwas abschlagen, uns deshalb weniger nötig haben? Werden wir, wenn wir unser Arbeitspensum etwas einschränken, plötzlich nichts mehr zu tun haben und vor einer schrecklichen Leere stehen?

Das Gegenteil von einer unentbehrlichen Frau ist einfach ein Mensch. Nicht mehr, aber auch kein bißchen weniger.

Ich kann meine Geschäftigkeit mäßigen, ohne deshalb an Wert zu verlieren.

Die Tatsache, daß dein Ehepartner nicht perfekt ist, sollte dir nicht zu schaffen machen. Wenn dein Mann oder deine Frau perfekt wären, dann würdest du weder Talent noch Weisheit brauchen können.

Rabbi Manis Friedman

Wo Perfektion als Wertmaß gilt, wird keiner dem gerecht werden können. Lebensgefährten, Freunde und Kinder müssen dann notgedrungen enttäuschen und werden sich irgendwann vor dem Sperrfeuer einer ständigen Kritik zurückziehen.

Eine beherzigenswerte Lebensregel heißt: «Mach nicht bei anderen Bestandsaufnahme.» Gemeint ist damit: Hören Sie auf, Ihr Augenmerk auf anderer Leute Angelegenheiten zu richten, und kümmern Sie sich lieber um Ihre eigenen Probleme.

Zum einen sind wir nur für uns selber zuständig; zum anderen ist es auch, wie das obige Zitat besagt, eine viel größere Herausforderung, unsere besten Eigenschaften zu nutzen, um andere in ihrer ganzen Unzulänglichkeit zu lieben und zu akzeptieren.

Möchten wir denn nicht auch selber auf diese Weise geliebt werden?

Ich kann anderen Menschen ihre Fehler zugestehen. Sie sind ja zum Teil das, was sie liebenswert macht.

Als ich dreißig wurde, legte ich mir eine Art Fünfjahresplan zurecht. Ich stellte mir vor, daß ich mit fünfunddreißig – wann denn sonst, wenn nicht bis dahin? – neun von zehn meiner persönlichen Probleme gelöst haben würde. Es kam mir nie in den Sinn, daß ich auch mehr Probleme bekommen könnte.

Ellen Goodman

Unentbehrliche Frauen leben auf, wenn sie sich Termine setzen können. Fünfjahrespläne, Zehnjahrespläne. Sie geben uns das Gefühl, als wüßten wir, wohin wir streben und wie man dorthin gelangt.

Sind wir aber einmal «dort», gibt es sogleich wieder ein neues Ziel. Stets taucht ein neues Problem auf, das zu lösen ist, eine neue Herausforderung, der wir uns stellen müssen. Älter werden heißt nicht, daß die Probleme abnehmen; wir können nur besser mit ihnen umgehen. Wir geraten nicht mehr in Panik, denn wir wissen, daß wir das nötige Rüstzeug haben.

Der Tod ist der einzig endgültige Termin. Solange ich lebe, gibt es noch immer etwas dazuzulernen.

Man ist für nichts verantwortlich, das einem als Kind widerfährt. Man ist für alles verantwortlich, das man als Erwachsener tut.

Susan Forward

Es ist ein großer Unterschied, ob wir unseren Eltern für alles die Schuld geben, was in unserer Kindheit geschehen ist, oder ob wir selber die Verantwortung übernehmen. Vorwürfe lassen uns immer Opfer bleiben; die Wahrheit befreit uns, so daß wir unser Leben vertrauensvoll und unbeschwert leben können.

Sich an die erlittene Verletzung zu erinnern und zu erfahren, wie sie unsere Entwicklung beeinflußt hat, ist eine gute, handfeste Information. Sie zeigt uns unsere Zerbrechlichkeit und lehrt uns, was wir brauchen, damit wir gesunden. Den Eltern Vorhaltungen zu machen trägt jedoch nichts Wesentliches zur Heilung bei, wird kaum helfen, sondern eher mehr Salz auf die Wunden streuen.

Ausschlaggebend ist, sich selber zuzugeben, was mit einem geschehen ist – an einem sicheren Ort, mit einem Therapeuten oder einem treuen Freund –, und dann sein Leben wie ein Erwachsener zu leben. Wir können uns diesen Vorgang erleichtern, indem wir uns mit Freunden umgeben, die uns vorbehaltlos ihre Liebe schenken.

Ich werde nie wieder zulassen, daß irgend jemand mich schlecht behandelt.

Unser Leben ist beides: alltäglich und voller Geheimnisse. Wir leben und sterben, altern in Schönheit oder voller Falten. Wir erwachen am Morgen, kaufen Käse ein und hoffen, daß wir genug Geld haben, um ihn zu bezahlen. Und zur selben Zeit haben wir dieses wunderbare Herz, das durch alle Nöte und alle Winter schlägt, die wir auf Erden weilen.

Natalie Goldberg

Es ist ein Paradox, daß im Grunde jeder von uns unentbehrlich ist. Es kommt auf das Leben eines jeden an, jeder hat eine wesentliche Rolle zu spielen.

Wir aber machen daraus ein Drama, weil wir tief im Herzen nicht glauben, daß unser Leben groß und wichtig genug ist. Wir vergessen dabei, daß es jederzeit in unserer Macht steht, etwas anderes daraus zu machen. Wenn wir einen Fremden im Bus anlächeln, ein müdes Kind ins Bett legen oder durch sonst ein kleines Erlebnis einen Lichtblick ins Leben eines anderen Menschen bringen, dann bedeuten wir etwas.

An jedem Tag bieten sich Gelegenheiten für eine gute Tat. Wir brauchen dafür nichts weiter zu tun, als morgens aufzuwachen und die Augen zu öffnen.

Ich habe eine Bedeutung.

Es gibt nicht so etwas wie eine Mutter, die nicht arbeitet.

Anonym

Wenn ich bei meinen Vorträgen vor einem weiblichen Publikum die Frage stellte, wer von den Zuhörerinnen arbeite, dann schossen die Hände von «Karrierefrauen» in die Höhe, während alle übrigen mit verlegener Miene dasaßen.

Alle Frauen arbeiten! Wenn wir Energie einsetzen, um irgend etwas für irgend jemand zu tun, dann arbeiten wir. Ganz gleich, ob wir ein Mittagessen kochen, eine Firma leiten oder uns als freiwillige Tagesmutter zur Verfügung stellen, ob wir dafür mit Liebe, Geld oder Befriedigung entlohnt werden, wir arbeiten.

Es ist entscheidend, daß wir den Wert unserer Zeit und unserer Energie richtig einschätzen. Sonst stellen wir bloß unser Licht unter den Scheffel.

Alles, was ich tue, hat einen ganz bestimmten Wert.

Warum sollte ich alles haben wollen? Ich wüßte gar nicht, wohin damit.

Ein Komiker

Lachen ist die beste mir bekannte Art, die Dinge in die richtige Perspektive zu rücken. Wenn wir einen Schritt zurücktreten, bekommen wir den Überblick über das Gesamtbild; wir können unterscheiden, was wirklich ist und was wir, vielleicht ohne es zu merken, hineinprojiziert haben.

In den siebziger und achtziger Jahren wurden den Frauen eine Menge Errungenschaften in Aussicht gestellt. Doch der Mythus der «Superfrau» ist genau das: ein Mythus, eine Legende. Wir glaubten, daß wir alles erreichen könnten, wenn wir nur höher gesteckte Ziele anvisieren und dafür härter, schneller und geschickter arbeiten würden.

Doch das wirkliche Leben ist eine endlose Folge von Kompromissen. Es ist einfach nicht möglich, alles zu haben. Es ist aber sehr wohl möglich, ein gewisses Maß an Frieden zu finden, wenn wir uns für das entscheiden, was unserer innersten Überzeugung nach wirklich wertvoll ist.

Ich habe in meinem Leben nur Platz für das, was wirklich wichtig ist.

Mach Liebe, nicht Listen!

Ellen Sue Stern

Sex gehört mit zum ersten, was verschwindet, wenn wir in den Teufelskreis der Unentbehrlichkeit geraten. Oft schafft er es gar nicht, auf die Liste dessen zu kommen, was uns im Leben wichtig ist.

Wir werden kalt und unnahbar. Wir haben keine Zeit für menschliche Nähe und intimes Beisammensein, keine Zeit, uns lieben zu lassen. Nach einer Weile vermissen wir es sogar nicht einmal.

Die Liebe macht uns weich. Und verletzlich. Und wirklicher. Sie versetzt uns von unserem Kopf in unseren Körper. Und schließlich ist Sex ein wichtiges Gegengift gegen die Vereinsamung in unserer Unentbehrlichkeit. Das Wunderbarste am Sex ist, daß er uns näher an uns selber, an unsere unbegrenzte Fähigkeit zur Liebe und zur geistigen Verbundenheit mit anderen heranführt.

Meine Sexualität ist eine herrliche Gabe, an der ich mich jederzeit erfreuen kann.

Engel können es nicht besser machen.

K. Panuthos

Wenn ich anfange, mich selber unter Druck zu setzen, versuche ich, mich an die schlichte, oben zitierte Wahrheit zu erinnern, und ich sage mir die Worte vor, sobald ich mich unsicher fühle.

Erwartungen sind unsere schlimmsten Feinde. Wir setzen uns unerreichbare Ziele, und es ist unvermeidlich, daß wir sie verfehlen und uns dann als Versager vorkommen.

Kein Mensch erwartet von uns, daß wir perfekt sind – außer wir selber. Wir sollten lieber versuchen, mit uns selbst Freundschaft zu schließen. Denn gute Freunde loben einen, wenn man etwas gut macht, und trösten einen, wenn etwas mißlingt. Aber sie hören nie auf, einen zu lieben.

Mein Bestes ist das Beste, was ich geben kann.

Ein jegliches hat seine Zeit, und alles Vornehmen unter dem Himmel hat seine Stunde.

Prediger 3,1

Es ist eine solche Erleichterung, wenn man nicht mehr glaubt, sich fortwährend nach einem allgemein gültigen Fahrplan richten zu müssen. Es gibt keinen solchen Fahrplan. Es gibt nur ein stetiges Vorwärtsschreiten, indem man einen Fuß vor den anderen setzt und darauf hofft, nicht hinzufallen. Und falls man doch hinfällt, dann sieht man die Welt von einer völlig neuen Warte aus.

Die besten Dinge geschehen, wenn man am wenigsten damit rechnet, wenn sie nicht auf der Tagesordnung stehen. Wir tauschen die irrige Vorstellung, alles selber zu lenken, ein gegen die Überraschung.

Alles geschieht zu seiner Zeit. Genau, wie es bestimmt wurde.

Ich kann mir Zeit lassen.

FEBRUAR

Wo immer du hingehst, dort bist du.

El-Anon

Wir können uns auf dem ganzen Hinweg Sorgen machen und Pläne schmieden. Oder wir können frohgemut vorwärtsgehen. In beiden Fällen werden wir am selben Ort ankommen.

Ich lebe oft nach einem Stundenplan, und wenn ich wirklich viel zu tun habe, teile ich die Zeit sogar in Viertelstunden ein. Dann richte ich mich streng danach. Jede Minute zählt, und ich gerate in Schweiß, wenn ich hinter meinem Zeitplan zurückbleibe, und habe panische Angst, daß ich nicht alles schaffe.

Doch ab und zu – manchmal sogar, wenn ich hochbeschäftigt bin – lasse ich alle Vorsicht fahren und schere mich nicht um den geheiligten Terminplan. Dann spaziere ich rund um den See auf dem längsten Heimweg nach Hause. Oder ich treffe mich spontan mit einer Freundin zum Mittagessen. Und danach verspüre ich immer die doppelte Energie.

Alles, was geschieht, führt mich irgendwohin.

Iß nicht mehr, als du hochheben kannst.

Miss Piggy

Mein siebenjähriger Sohn Evan sagt, dies bedeute, daß man sich nicht vollstopfen soll.

Ich bin ganz einverstanden. Wir sind so hungrig nach Erfahrung, daß wir das Leben mit beiden Händen packen und es auf einmal verschlingen.

Es ist besser, etwas weniger zu essen und den Geschmack etwas mehr auszukosten. Um wirklich in den vollen Genuß zu kommen, sollten wir unsere Eile mäßigen, damit wir unsere Erfahrungen auch verdauen können.

Wieder ist es Angst, die uns antreibt. Die Angst, daß keine Nahrung mehr übrig ist, wenn wir unseren Teller nicht randvoll beladen. Und so essen wir, bis wir krank werden, statt zu essen, bis wir satt sind.

Niemand wird mir meinen Teller wegnehmen, solange ich ihn nicht leer gegessen habe.

Frage: Geben Sie sich gefaßter, als Sie sich fühlen? Antwort: Das hoffe ich.

Zwei Kursteilnehmerinnen

Wie die meisten unentbehrlichen Frauen erwecke auch ich den Anschein, als beherrschte ich mein Tun. Ich verstehe mich so zu geben, daß andere Menschen beeindruckt sind. Gelegentlich bin ich sogar selber von mir beeindruckt.

Doch wenn jemand in meine Handtasche blickte, würde er die andere Seite von mir sehen. Meine Handtasche ist der Abfallbehälter meiner Psyche; sie entspricht dem Chaos und der Verwirrung, die unter der polierten Oberfläche lauern.

Jedesmal, wenn ich auf eine Reise gehe, räume ich vorher in meiner Handtasche auf. Das gibt mir das Gefühl, daß ich mich als ordentlicher Mensch aufmache. Doch schon bald füllt die Tasche sich wieder, meine heimliche Zuflucht vor der ständigen Anstrengung, den guten äußeren Schein zu wahren.

Es ist in Ordnung, daß ich gefaßt aussehe, wenn ich innerlich zerrissen bin, solange ich mir nicht selber etwas vormache.

Reg dich nicht über Kleinkram auf!
Alles ist Kleinkram.

Spruch auf Poster

Wir verschleißen uns, weil wir nicht unterscheiden können zwischen dem, was dringend ist und was nicht, wo es sich lohnt, sich aufzuregen, und was nur eine Bagatelle ist.

Alles scheint wichtig zu sein. In Wirklichkeit gibt es nur wenig, das wirklich dringend ist. Alles andere sind die ganz normalen Dinge, die zum Leben gehören.

Regel Nummer 1 für die Gesundung der unentbehrlichen Frau: PRIORITÄTEN SETZEN. Was kann warten? Was kann ich delegieren? Was braucht nicht getan zu werden? Falls Sie nicht ganz sicher sind, schließen Sie die Augen und überlegen Sie sich einen Augenblick die Antwort auf folgende Frage: Was ist für mich im Leben das wichtigste?

Nun entscheiden Sie, was Ihren Schweiß und Ihre Mühe wert ist.

Wenn ich weiß, was wichtig ist, dann ergeben sich die Prioritäten von Tag zu Tag von selber.

Wir verstehen uns glänzend darauf, die Bedürfnisse anderer Menschen herauszufinden.

Ellen Sue Stern

Sich von vornherein auf die Bedürfnisse anderer Menschen einzustellen und Mittel und Wege zu finden, sie zu befriedigen, ist die Art, wie unentbehrliche Frauen sich beliebt machen. Wir sind mittlerweile so sehr davon in Anspruch genommen, uns um alle anderen zu kümmern, daß wir gar nicht mehr die Zeit und das nötige Kleingeld haben, uns um unser eigenes Wohl zu kümmern.

Meistens bemerken wir nicht einmal, daß wir nicht mehr richtig essen, keine Gymnastikübungen mehr machen oder schon wieder einen Ruhetag ausfallen ließen, den wir so dringend nötig hätten.

Tatsache ist, daß wir gar nichts mehr zu geben haben, wenn wir nicht auch auf unsere eigenen Bedürfnisse achten. Wir müssen uns auf uns selbst besinnen und uns ernst nehmen.

Es wird höchste Zeit, daß ich meinen eigenen Bedürfnissen Aufmerksamkeit schenke.

Zeigt mir eine Frau, die sich nicht schuldig fühlt, und ich werde euch einen Mann zeigen.

Rachel Hare-Mustin

Man mag so viele Frauen befragen, wie man will, man wird kaum eine finden, die sich nicht schuldig fühlt. Lehrerinnen, Managerinnen, berufstätige Mütter – sie alle glauben, die Schuldgefühle für sich gepachtet zu haben.

Das Sich-schuldig-Fühlen beweist aber gerade, daß die anderen uns am Herzen liegen, daß wir unser Kind nicht im Stich gelassen haben, auch nicht unseren Chef und unsere betagten Eltern, die wir nicht oft genug besuchen, weil uns die Zeit fehlt oder weil wir nicht die Mittel haben, die weite Reise zu ihnen zu unternehmen.

Schuldgefühle scheinen uns die nächstbeste Wahl, wenn wir nicht immer verfügbar sein können. Doch sie sind ein schwacher Ersatz für unseren Seelenfrieden.

Ich kann ein guter Mensch sein, ohne schuldig zu sein.

Warten ist nicht einfach leeres Hoffen. Es enthält die innere Gewißheit, ans Ziel zu gelangen.

I Ging

Frauen, die sich für unentbehrlich halten, glauben, daß Warten gleichbedeutend sei mit Zeitverschwendung.

Wie schön, wenn man einen Grund hat, friedlich abzuwarten. Denken wir nur an die junge Mutter, die «in Erwartung» ist, daß ihr Kind zur Welt kommt. Nichts, was sie tut, bewirkt, daß die Zeit schneller vergeht. Aber in dieser Zeit wächst ihr Baby und wird immer vollständiger.

Wer sich erlaubt, in Ruhe zu warten, macht sich damit ein riesengroßes Geschenk: die Gabe der Zuversicht.

Ich bin bereit zu warten.

Frage: Wie geht es Ihnen?
Antwort: So gut wie bei unserem letzten Telefongespräch.

Mossie R.

Als ich die Mutter einer Freundin fragte, wie es ihr gehe, bekam ich dies zur Antwort.

Diese Frau, die von sich behauptet, von ihrem Superfrau-Komplex loszukommen, läßt ihr eigenes Wohlbefinden noch immer davon bestimmen, wie die Stimme ihrer erwachsenen, in einer anderen Stadt lebenden Tochter am Telefon geklungen hat. Hatte ihre Tochter einen guten Tag, dann ist sie glücklich. Ist irgend etwas nicht in Ordnung, macht sie sich Sorgen – und fragt sich, ob *sie* vielleicht irgend etwas hätte anders machen sollen.

Wir können andere Menschen wirklich sehr, sehr gerne haben. Wir können mit ihnen leiden und uns mit ihnen freuen. Wenn ihre Verfassung sich jedoch so stark auf unsere eigene Stimmung auswirkt, daß sie uns den Tag verschönert oder vergällt, dann ist etwas nicht in Ordnung. Das heißt, wir sind viel zu weitgehend in das Leben anderer verwickelt und schenken unserem eigenen nicht genügend Beachtung.

Niemand anders macht mich glücklich. Niemand anders macht mich traurig.

Wenn das einzige Gebet, das du in deinem Leben sprichst, «Ich danke Dir» lautet, so wäre dies genug.

Meister Ekkehart

Achten Sie darauf, Ihre Dankbarkeit auszudrücken, sei es, daß Sie einem Kind dafür danken, daß es Ihnen ein Gänseblümchen gepflückt hat, sei es, daß Sie Gott danken, der es überhaupt hat wachsen lassen.

Dank zu sagen für die ganze Fülle unseres Lebens, einschließlich der schweren Dinge, ist wesentlich, damit wir von unserer Unentbehrlichkeit genesen können. Zu danken erinnert uns daran, daß es Wunder auf dieser Welt gibt, vor denen unsere scheinbar wichtigen Alltagsprobleme nichtig sind.

Ich kann mich glücklich schätzen, leben zu dürfen.

Dein Sohn ist dein Sohn, bis er sich eine Frau nimmt. Deine Tochter bleibt deine Tochter dein Leben lang.

Redensart

Das war einer der Lieblingssprüche meiner Großmutter. Sie konnte glücklich sein, denn sie hatte drei Töchter.

Frauen wurden dazu erzogen, sich hauptsächlich um das Wohl der Familienmitglieder zu kümmern. Wir erwarten von uns selber mehr als von unseren Brüdern. Wenn unsere Eltern alt werden und auf Hilfe angewiesen sind, fühlen wir uns selbstverständlich dafür verantwortlich, uns um sie zu kümmern, auch wenn wir mit Beruf, Ehe und Mutterpflichten schon überbelastet sind.

Als Kinder nahmen wir manchmal mehr auf uns, als wir bewältigen konnten, nur um unsere Eltern nicht zu enttäuschen. Und noch immer fürchten wir, ihre Liebe und Anerkennung zu verlieren. Doch genau wie wir früher die Aufmerksamkeit unserer Eltern mit unseren Geschwistern teilen mußten, sollten wir jetzt auch die Verantwortung für sie teilen.

Wenn ich ein Einzelkind bin, muß ich noch eine zusätzliche Stütze für meine Eltern suchen. Wenn ich kein Einzelkind bin, warum verhalte ich mich dann wie ein solches?

Was für ein wundervolles Leben ich doch hatte! Ich wünschte nur, es wäre mir schon früher bewußt geworden.

Colette

Oft braucht es irgend etwas, das uns aufrüttelt, damit wir uns erinnern, wie glücklich wir dran sind. Ein guter Freund wird schwer krank – oder stirbt –, und wir verfallen augenblicklich ins Nachdenken über unser Leben. Ein Schneesturm im April taucht ringsum alles in blendendes Weiß. Beim Öffnen der Haustür brechen wir in jubelndes Lachen aus, obwohl es ein ganz normaler Werktag ist und die Monatsrechnungen noch nicht einmal bezahlt sind.

Dies sind Beispiele für deutliche Botschaften, die uns sagen, wie kostbar das Leben ist. Sie sind überall zu finden.

Heute werde ich ganz in der Gegenwart leben.

Zuerst ist man freudig erregt, und das Adrenalin rast angesichts der Riesenaufgabe, alles unter einen Hut bringen zu wollen.

Ellen Sue Stern

Sich unentbehrlich zu machen ist mit Aufregungen verbunden. Wir sind wie berauscht von der ständigen Anspannung.

Der Grund dafür, daß Frauen zuviel tun, liegt in der Belohnung. Wie bei jeder Sucht entwickeln wir eine Toleranzschwelle. Je mehr wir tun, um so mehr müssen wir tun, um «high» zu werden.

Unser Bestes geben oder zu viel tun – wo liegt der Unterschied? In der größeren Mühe und im kleineren Lustgewinn. Wir wissen, daß wir dabei sind, uns unentbehrlich zu machen, wenn es beginnt, weh zu tun, aber wir können nicht aufhören.

Ich werde besser darauf achten, was ich selbst davon habe, wenn ich mich unentbehrlich mache.

In meiner Vorstellung bin ich noch immer das dicke, dunkelhaarige kleine Mädchen und werde es auch immer bleiben.

Gloria Steinem

Wir blicken in den Spiegel, sehen einen Backfisch mit Pickeln und unmöglichen Kleidern, und unser ganzes erwachsenes Selbstbewußtsein fliegt zum Fenster hinaus.

Wir machen die größten Anstrengungen, gut auszusehen, damit wir uns selber leiden mögen. «Ich brauche eine Dreiviertelstunde, um mich anzuziehen und zurechtzumachen, damit ich ins Lebensmittelgeschäft laufen und rasch eine Flasche Milch kaufen kann», sagte mir eine schön und gepflegt aussehende Frau.

Überlegen Sie, wieviel Zeit wir verschwenden! Und denken Sie darüber nach, wie schwer es ist, sich selber zu lieben.

Ich bin schön.

Heut ist mir alles herrlich; wenn's nur bliebe!
Ich sehe heut durchs Augenglas der Liebe.

Johann Wolfgang von Goethe

Heute ist Valentinstag – ein Tag, an dem wir ganz besonders an die Menschen denken, die wir lieben.

Wenn Sie in einer Paargemeinschaft leben, fühlen Sie heute vielleicht ganz besonders den Drang, die passendste Glückwunschkarte oder das schönste Geschenk als Ausdruck Ihrer Gefühle auszuwählen. Halten Sie sich an das Schlichte, und denken Sie daran, daß Ihre Liebe das allerschönste Geschenk ist.

Jeder Feiertag, und besonders der Valentinstag, ist schmerzlich, wenn wir allein leben. Nur allzuleicht fühlen wir uns verunsichert und tun uns selber leid.

Es gibt aber für jeden im Leben Liebe, wenn man sie nur wirklich will. Wenn man dazu bereit ist. Wie wäre es, wenn Sie einen Ihnen lieben Menschen anriefen und ihm sagten: «Ich habe dich lieb.»

Ich bin bereit, Liebe zu geben und Liebe zu empfangen.

Jede Begegnung verlangt zuviel von einem, zerrt an den Nerven, strapaziert die Willenskraft, und schon eine solche Kleinigkeit wie ein unbeantworteter Brief ruft so unverhältnismäßige Schuldgefühle hervor, daß es einem unmöglich wird, ihn zu beantworten.

Joan Didion

Unser Hang zur Perfektion lähmt uns selber. Nichts, was wir tun, kann unsere Erwartungen erfüllen. Wozu es also überhaupt versuchen?

Es gibt nur einen Weg, dieses Muster zu durchbrechen: Tun Sie etwas! Machen Sie einen Versuch! Auch wenn das Ergebnis hinter dem zurückbleibt, was Sie wirklich leisten könnten, so ist doch ein Anfang gemacht, von dem aus Sie fortfahren können.

Meine Lieblingslehrerin pflegte uns in der Schule immer dafür zu loben, daß wir uns Mühe gegeben und etwas versucht hatten. *Versuch's!* Das ist alles, was man von sich selbst erwarten sollte.

Ich brauche jeweils nur eine einzige Sache zu tun.

Niemand kann dir ohne dein Einverständnis Minderwertigkeitsgefühle einflößen.

Eleanor Roosevelt

Wir räumen anderen Menschen wirklich schrecklich viel Macht ein!

Wenn wir uns in unserer eigenen Haut nicht wohl fühlen, dann kann nichts, was ein anderer zu uns sagt, etwas daran ändern. «Das stimmt nicht», widersprechen wir. «Schau mich doch richtig an, dann siehst du es selber.»

Klaglos geben wir unsere positiven Gefühle auf. Schon die Andeutung, daß irgend etwas mit uns nicht stimmt, läßt uns in das schwarze Loch der Selbstzweifel stürzen.

Warum sollten andere an unserer Selbstachtung rütteln dürfen, die wir uns so mühsam erworben haben?

Ich lasse es unter keinen Umständen zu, daß irgend jemand mein Selbstvertrauen erschüttert.

Eine Definition für Haltung: Anmut unter seelischer Belastung.

Ernest Hemingway

Das Bild von Anmut unter seelischer Belastung wurde mir mit neun Jahren unauslöschlich eingeprägt durch den ergreifenden Anblick von Jacqueline Kennedy, wie sie am Sarg ihres Mannes stand und ihre beiden Kinder an der Hand hielt.

Im Laufe der Jahre sind noch andere Vorbilder für Anmut unter seelischem Druck hinzugekommen: meine Freunde Jeff und Jan, die den Tod ihres Sohns beklagten; meine eigene Mutter, die sich mit Zuversicht und Humor der Chemotherapie stellte.

Es ist gut, starke Bilder zu haben, die man sich in schwierigen Zeiten vergegenwärtigen kann; zu wissen, daß wir, auch wenn wir meinen, zerbrechen zu müssen, tief Luft holen, uns zusammennehmen und den Mut finden können, ruhig und gefaßt zu bleiben.

Ich werde diese Sache überstehen.

Wie erstrebenswert und doch so fern ist das Ideal des besinnlichen Menschen, des Künstlers oder des Heiligen – das unversehrte Innere, das auf das Wesentliche gerichtete Auge.

Anne Morrow Lindbergh

Welch schöner Luxus, Zeit für besinnliches Tun zu haben, jeden Funken Energie darauf zu verwenden, schöne Dinge zu schaffen. Unseren Blick jeweils nur auf ein einziges Ziel zu richten. Großzügig zu schenken, ohne sich zu zersplittern; ohne sich rechtfertigen zu müssen für das, was nicht getan wurde.

Das ist die wahre Freiheit. Das ist, wonach Frauen sich sehnen und was sie so selten finden. Die Funken der Inspiration werden ausgelöscht von den Pflichten und Mühen des Alltags. Am Ende des Tages sind wir zu müde, um noch das Bild zu malen oder das Gedicht zu schreiben, von dem wir den ganzen Vormittag geträumt haben.

Der erste Schritt: Kaufen Sie ein Tagebuch (auch ein Notizheft genügt), und nehmen Sie sich vor, jeden Tag zehn Minuten etwas zu schreiben. Tun sie es, wenn Sie allein sind, auch wenn Sie sich dafür im Badezimmer einschließen müssen. Betrachten Sie es als heilige Handlung!

Heute werde ich anfangen, meine Kreativität auszudrükken.

Bejahung? Das ist, wenn man sich so lange etwas vormacht, bis es wahr ist.

Linda Maakes

Manchmal, wenn wir uns etwas Schwieriges vorgenommen haben, täuschen wir Sicherheit vor. Wir sagen uns: «Das kann ich», oder: «Es wird schon gut werden», und wir geben die Hoffnung nicht auf, daß es stimmt.

Vielleicht sind wir unserer Sache aber gar nicht so sicher. Vielleicht haben wir wahnsinnige Angst, daß am Ende doch nicht alles gut wird.

Das ist ganz in Ordnung. Wir können – und müssen! – trotz allem immer etwas wagen, wenn wir etwas erreichen wollen. Je mehr wir uns zutrauen, je mehr wir unsere Schultern straffen und unsere besten Kräfte einsetzen, desto größer ist unsere Aussicht, das zu bekommen, was wir wollten.

Ich kann Zweifel haben und dennoch positiv eingestellt sein.

Das Leben ist nur eine endlose Folge von Experimenten.

Mahatma Gandhi

Ein Experiment führt man am besten mit aufgeschlossenem Geist durch, voller Neugier, was geschehen wird, da man ja das Resultat nicht von vornherein kennt. Wenn es uns nicht gefällt, können wir etwas anderes versuchen.

Wer hat nicht als Kind einmal damit herumexperimentiert, verschiedene Substanzen wie Essig, Tinte, Ketchup usw. in einem Einmachglas zusammenzugießen, um zu sehen, was beim Schütteln herauskommt?

Wir können ähnlich leben: neugierig den Dingen auf den Grund gehen, ohne ein ganz bestimmtes Resultat zu erwarten. Wenn wir uns auf ein Endergebnis festlegen, engen wir unseren Blickwinkel ein und werden leicht enttäuscht. Wenn wir experimentieren, sind wir gespannt und voller Staunen.

Ich kann von neuem beginnen, sooft ich will.

Warum hatte ich nicht pünktlich sein können? Warum hatte ich Yemi nicht auf neun Uhr kommen lassen, damit ich mich in Ruhe anziehen konnte? … Ich gab mir für alles schlechte Noten.

Barbara J. Berg

Wir sind sehr streng mit uns selber. Wenn irgend etwas schiefgeht, nehmen wir sofort die Schuld auf uns und wenden unser Versagen hin und her wie der Hund einen Knochen, bis wir unsere Selbstachtung gänzlich abgenagt haben.

Heißt unentbehrlich zu sein denn nicht, wir hätten dafür zu sorgen, daß nichts schieflaufen kann? Irrtum! Manche Dinge passieren einfach. Ohne unser Dazutun. Wir sollten die Illusion aufgeben, daß wir alles unter Kontrolle haben, und uns lieber eine Erholungspause gönnen.

Ich mache Fehler. Warum auch nicht?

Es ist auffallend, daß für eine Frau jeder Bruch und jede Trennung mit einer Aura des Verlusts umgeben ist, als sei ihr ganzes Gefühlsleben noch immer abhängig von der symbolischen Nabelschnur und jede Handlung eine Bedrohung der Einheit und der Bindungen.

Anaïs Nin

Sich unentbehrlich zu machen ist ein Weg, dafür zu sorgen, daß andere Menschen uns brauchen. Ob es um die Trennung von einem Geliebten geht oder darum, daß unsere Kinder das Nest verlassen, wir geben nicht auf, auch wenn es schon lange sinnlos geworden ist.

Wir sind abhängig von *ihrer* Abhängigkeit. Wenn wir loslassen, fühlen wir uns verloren und hilflos. Die Urangst des Verlassenwerdens packt uns stets von neuem.

Wir setzen alles daran, nicht verlassen zu werden. Doch es hilft alles nichts – und das ist die härteste Tatsache, der die unentbehrliche Frau ins Gesicht sehen muß.

Jeder Mensch ist ein Wesen für sich.

Das Göttliche ist für die Menschen bestimmt.

Hildegard von Bingen

Wir denken fieberhaft nach, um den göttlichen Plan zu entziffern, wenn er doch klar und deutlich vor uns liegt.

Wir sind menschlich. Und auch göttlich. Wenn das Beste in uns nach dem Höchsten strebt, können wir beinahe den Himmel berühren. Wenn wir straucheln, wird der herrliche Sonnenuntergang trotzdem den Himmel erleuchten. Dazwischen aber sinnen wir darüber nach, was wir hier unten tun.

Ich mache meine Sache gut. Wenn ich aber mehr tun oder etwas anders machen sollte, wird es mir offenbart werden.

Meine Reaktion auf jede Form von Angriff – körperlich oder seelisch – war, die Zähne zusammenzubeißen und blind und tapfer in den nächsten Hinterhalt zu laufen.

Mary Kay Blakely

Viele Male habe ich mich trotz eines stechenden Kopfschmerzes zur Arbeit gezwungen, anstatt unter die Bettdecke zu kriechen, wo ich hingehört hätte.

Wir wissen oft nicht, wann wir aufhören sollten, erkennen die drohende Gefahr nicht. Niemand wird uns einen Orden dafür verleihen, daß wir uns bis zum Zusammenbruch verausgabt haben. Die Verantwortung liegt einzig und allein bei uns, daß wir unser Tempo mäßigen und wissen, wann wir aufhören müssen.

Ich werde mir fest vornehmen, darauf zu achten, wie mein Körper sich fühlt, und seine Grenzen zu respektieren.

Lassen Sie los! Lassen Sie uns machen!

Judy F.

Letztes Jahr verbrachte ich eine Woche mit einer Gruppe von Frauen, die an einem Fortbildungsseminar teilnahmen, das sie befähigen sollte, verschiedene Kurse für schwangere Frauen zu leiten, die ich in den letzten sechs Jahren aufgebaut hatte.

In der letzten Unterrichtsstunde übergab mir eine der Teilnehmerinnen einen Zettel mit den schlichten Worten: *Lassen Sie los! Lassen Sie uns machen!* Sie verstand, wie schwer es mir wurde, das, was ich aufgebaut hatte, aus der Hand zu geben. Aber ich wußte, daß es Zeit wurde, und ihr feinfühliges Verständnis half mir, mich mit der Situation abzufinden.

Es gibt viele Arten, etwas richtig zu machen. Ich kann eine Menge von anderen Menschen lernen.

Sagen Sie nicht: «Hör zu, du Blödian, fünfundzwanzig Jahre lang habe ich deine Kleider vom Fußboden aufgehoben. Jetzt ist Schluß damit!»

Ellen Sue Stern

Nur weil Sie bereit sind, sich nicht mehr unentbehrlich zu machen, ist damit noch nicht gesagt, daß alle anderen schon darauf eingestellt sind, Sie aus der Verantwortung zu entlassen. Es braucht einige Zeit, um die Verantwortlichkeiten neu zu verteilen und neue Erwartungen zu entwickeln.

Wenn wir zu lange zu viel getan haben, entsteht langsam ein Groll, der sich schließlich entlädt. Mäßigen Sie die Versuchung, alles hinzuschmeißen. Ein Zornesausbruch verschafft zwar momentan Erleichterung, bringt uns aber nicht das, was wir erreichen möchten. Statt um sich zu schlagen, sollte man lieber nur eine Sache auf einmal verlangen. Und man sollte «bitte» sagen.

Ich habe mitgewirkt, diese Verhaltensmuster zu schaffen. Ich kann sie auch nach und nach wieder abbauen.

Sie berauschen sich an der Arbeit, damit sie nicht sehen, wie es ihnen wirklich geht.

Aldous Huxley

Männer haben sich oft das Etikett «workaholic» verdient, doch mehr und mehr Frauen benutzen die Arbeit auch als Droge.

Arbeit hat etwas Verführerisches. Wir benutzen sie, um unser Sicherheitsgefühl und unsere Selbstachtung zu stärken. Sehr leicht sind wir gleichbedeutend mit unserer Arbeit, identifizieren uns mit ihr, verausgaben unsere besten Kräfte für sie und lassen unsere anderen Bedürfnisse unter den ständigen Anforderungen ersticken.

Wenn die Arbeit zu unserem liebsten Betäubungsmittel wird (an Nachschub mangelt es nicht, also ist Vorsicht geboten!), dann ziehen wir uns aus den anderen, ebenso wichtigen Bereichen des Lebens zurück, nämlich Freundschaft, Familie, Liebe und Spiel.

In meinem Leben klappt etwas nicht, wenn ich nichts anderes tue als arbeiten.

Wenn Sie sich selbst mit den Augen anderer sehen, werden Sie immer ein menschliches Wesen aus zweiter Hand sein.

Jiddu Krishnamurti

Sich zu wünschen, so zu sein wie jemand anders, den man bewundert – oder beneidet –, kann uns allen geschehen, zumal dann, wenn wir verunsichert sind, ob das, was wir tun, auch das richtige ist. Dann haben wir die Tendenz, uns zu sehr auf andere zu konzentrieren.

Um Ihr Selbstbewußtsein zu stärken, sollten Sie versuchen, eine Liste mit all den Punkten aufzustellen, die Sie positiv an sich finden. Vergleichen Sie sich dabei aber nicht mit anderen, sondern widmen Sie Ihre Aufmerksamkeit ganz Ihren eigenen Begabungen und besonderen Eigenschaften. Bestimmt werden Sie eine Menge guter Seiten an sich entdecken, über die Sie sich freuen können und die Ihre Selbstakzeptanz steigern.

Wenn ich mich auf meine eigenen Fähigkeiten konzentriere, brauche ich mir nicht die Rolle einer anderen zu wünschen.

Der Tag hat nur vierundzwanzig Stunden, aber die unentbehrliche Frau versucht, noch mehr hineinzuquetschen. Wie die Fluglinien ist sie ständig überbucht.

Ellen Sue Stern

Hier wären die vierundzwanzig Stunden, von denen Sie schon lange geträumt haben. Der Schalttag! Der Extratag, den man alle vier Jahre geschenkt bekommt, nur so oft, daß man ihn wirklich schätzt.

Mit dem 29. Februar ist es wie mit der Sommerzeit: Wir stellen die Uhr am Ende eine Stunde zurück und sind unendlich dankbar für die gewonnene Stunde Schlaf. Obwohl wir wissen, daß es auf dem Kalender steht, sind wir doch angenehm überrascht, wenn das Ereignis eintritt.

Behandeln Sie den heutigen Tag wie einen Ferientag. Benutzen Sie ihn, um Versäumtes nachzuholen. Oder verbringen Sie ihn damit, sich selbst etwas Gutes anzutun, vielleicht etwas, an das Sie sich die nächsten drei Jahre gern erinnern.

Ich werde die Gelegenheit ergreifen, dies zu einem denkwürdigen Tag zu machen.

MÄRZ

Der liebe Gott hatte bloß zwei Hände, darum erfand er die Mütter.

Redensart

Könnte es etwas Wichtigeres geben, als Mutter zu sein? Mir fällt nichts ein, das gleich anspruchsvoll wäre. Fortwährend verlangt man von uns, daß wir unendlich viel Liebe, Verständnis und Einfallsreichtum aufbringen, auch wenn uns nicht immer danach zumute ist.

Mutterschaft ist wohl der einzige Job, der keine Ferien kennt, keine freien Tage. Die Anforderungen sind erbarmungslos, die verlangten Opfer größer, als wir erwartet hatten.

Und doch anerkennt man die Arbeit der Mütter nie genug. Kinder sind klein, und entsprechend wird auch die Mühe bewertet, sie aufzuziehen. Dabei braucht eine Mutter eigentlich mehr als zwei Hände! Die Weisheit, Geduld und Liebe, die wir geben, sollten nie für selbstverständlich gehalten werden.

Mutter zu sein ist eine Riesenaufgabe. Sie sollte auch riesig belohnt werden.

Es gibt keine Ruhe für die Bösen.

Redensart

Ich habe nie wirklich verstanden, was mit dieser Redensart gemeint war, aber der drohende Ton, mit dem meine Mutter sie zitierte, beunruhigte mich.

Entweder sind wir böse und verdienen deshalb keine Ruhe. Oder wir treiben unsere bösen Geister aus, wenn wir unablässig arbeiten.

Beide Interpretationen gehen vom Schlimmsten aus. Beide entspringen unserer Auffassung der «Erbsünde»: Wir müssen unaufhörlich für unsere angeborene Schlechtigkeit bezahlen.

Doch diese Prämisse ist falsch! Wir sind von Natur aus *gut*!

Für die Guten gibt es wirklichen Frieden.

Letztlich läuft alles auf Selbsthaß hinaus. Und daher rühren eigentlich alle Probleme auf dieser Erde.

Oprah Winfrey

Sich selbst zu hassen zerstört unsere Fähigkeit, gesunde menschliche Beziehungen herzustellen. Süchtigkeit, Mißbrauch und alle anderen Formen von Fehlverhalten können auf Selbsthaß zurückgeführt werden, den wir meistens schon in der eigenen Familie erfahren haben.

Darum ist das Sich-unentbehrlich-Machen ein Circulus vitiosus. Unsere Selbstverachtung treibt uns dazu, uns zu übernehmen. Daran müssen wir unvermeidlich scheitern, was unsere negativen Gefühle wiederum verstärkt, so daß der ganze Zyklus von neuem beginnt.

Stopp! Als erwachsene Frauen können wir dieses Verhaltensmuster durchbrechen. Wir können anfangen, uns selbst zu lieben, und so die Voraussetzungen für den Erfolg schaffen.

Sobald wir lernen, uns selbst zu lieben, werden wir auch unser Leben besser lenken können.

Gib dich nicht mit etwas Geringerem zufrieden als mit dem, was du dir zum Ziel gesetzt hast.

Alma Lutz Villanueva

Wir müssen im Leben nach den Sternen greifen, mit aller Leidenschaft. Glücklichsein ist unser angeborenes Recht.

Statt dessen aber läuft es darauf hinaus, daß wir uns verzetteln. Keiner Sache können wir uns mehr mit der nötigen Sorgfalt annehmen. In unserer Zerrissenheit verlieren wir unsere innigsten Wünsche aus den Augen.

Wie wissen wir noch, was uns glücklich machen würde? Indem wir den «Lärmpegel» herabsetzen, damit wir hören können, was das Herz uns sagt.

Ich will mich nicht mehr einfach abfinden.

Ihm ist es egal, ob das Spülbecken voll dreckigem Geschirr steht, aber mir nicht. Ihm ist es egal, ob die Wäsche schön zusammengefaltet ist, aber mir nicht. Und so kommt das eben auch noch auf mein Programm.

Ellen Sue Stern

Auf diese Weise wird die Liste dessen, was *wir* erledigen, länger und länger.

Eine amerikanische Untersuchung hat ergeben, daß Frauen im Durchschnitt einen Monat mehr pro Jahr arbeiten als Männer, was mir überall von Frauen bestätigt wurde. Sie erledigen, weil sie zuviel tun, bei weitem mehr Arbeit als Männer, die nicht annähernd genug tun.

Partnerschaftliche Arbeitsteilung ist die einzige Möglichkeit, das Mißverhältnis auszugleichen. Wir könnten von uns ein bißchen weniger erwarten und von ihm ein bißchen mehr, ohne uns deshalb etwas zu vergeben.

Meine Pflichtenliste ist schon lang genug.

Ich möchte nur für eine Stunde noch einmal fünf sein. Ich möchte ganz viel lachen und auch weinen. Ich möchte emporgehoben und in jemandes Armen in Schlaf gewiegt und nur noch ein einziges Mal nach oben getragen und ins Bett gelegt werden.

Robert Fulghum

Ich auch.

Wir halten uns alle für erwachsen und glauben, daß wir es nun nicht mehr nötig haben, daß sich jemand um uns kümmert.

Ganz und gar nicht! Je mehr wir zulassen, daß jemand uns in die Arme nimmt, uns in Schlaf wiegt und sich um uns sorgt, desto besser sind wir imstande, in die Welt hinauszugehen und unser Leben als Erwachsene zu führen.

In der besten aller Welten sollte die Kindheit ein Refugium sein, ein Quell der Liebe und der Kraft.

Doch auch als Erwachsene haben wir Möglichkeiten, Kraft zu schöpfen und uns Gutes angedeihen zu lassen – mit Umarmungen, einem warmen Bad, einer beruhigenden Massage, mit allem, was uns das Gefühl von Geborgenheit und Wärme gibt, als würden wir noch einmal nach oben getragen und ins Bett gebracht.

Wenn ich wieder klein sein kann, macht mich das größer

Fürchtet euch nicht.

Jesus

Vor ein paar Jahren klagte ich einem Freund mein Leid, wie bange mir sei. «Ist dir klar», sagte er, «daß du zu neunundneunzig Prozent von Angst zum Handeln veranlaßt wirst?»

Ich war sehr erstaunt. Am nächsten Tag notierte ich mir jedesmal, wenn ich Angst empfand. Zwanzig-, dreißig-, sechzigmal war ich an jenem Tag angespannt und fürchtete mich, meistens davor, daß ich all meinen Aufgaben nicht gewachsen sein könnte: meiner Ehe, meinen Kindern, meinem Beruf, meinen Freunden – die Liste wurde lang und länger. Jedesmal, wenn Angstgefühle sich wieder einstellten, hielt ich in meiner Tätigkeit inne, atmete tief durch und sagte mir selber:

Ich leiste sehr gute Arbeit.

Laßt uns danken, Schwestern, daß wir heute selbst über uns bestimmen können, denn jede Möglichkeit, die uns offensteht, mußte von Frauentrupps erkämpft werden, die dafür Jahre der Schwierigkeiten und Kämpfe auf sich nahmen; die mit ihrer Gebärmutter, ihrem Schlaf, ihrem Leben dafür zahlten, daß wir heute aufrecht durch die geöffneten Türen schreiten können.

Marge Piercy

Heute, am Internationalen Frauentag, feiern wir die Tatsache, daß wir frei wählen können, was wir mit unserem Leben machen wollen. Es ist das greifbare Resultat des feministischen Kampfes für gleiche Rechte. Jeder Sieg, jede geöffnete Tür hat unsere Möglichkeiten vergrößert, an den politischen Schaltstellen mitzuwirken.

Wir dürfen nie die Frauen vergessen, die vor uns waren. Aber ihre Kämpfe und die dadurch erreichte Vielfalt unserer Chancen verpflichten uns nicht, einen ganz bestimmten Pfad einzuschlagen.

Mit unserem Eintreten ins 21. Jahrhundert wird auch die Wunde der Spaltung zwischen den Frauen, die im Hause, und denen, die außerhalb des Hauses arbeiten, verheilen. Es gibt keine einzig richtige Wahl. Jedes Frauenleben hat seinen Wert. Das ist die Lektion und das Vermächtnis der Frauenbewegung.

Ich habe meine Wahl vor niemandem zu rechtfertigen außer vor mir selbst.

Atme weiter!

Sophie Tucker

Was für ein guter Ratschlag für die unentbehrliche Frau!

Atmen ist etwas Wesentliches, es erhält uns am Leben. Und doch rennen wir, bis wir um Atem ringen, ersticken wir unter der Last all der Dinge, die wir unbedingt erledigen wollen.

Kurzes, flaches Atmen ist ein Zeichen dafür, daß wir erdrückt werden vom Gewicht unseres Lebens.

Atmen Sie langsam. Achten Sie darauf, wie sanft dieser Vorgang sich abspielt. Atmen Sie erneut. Noch einmal. Und noch einmal.

Ich weiß, wie ich atmen muß.

«Wie machst du das nur, Puh?»
«Mach ich was?»
«So absichtslos zu sein.»
«Ich tue *einfach so gut wie nichts», sagte er.*
«Aber trotzdem bekommst du doch alles, was nötig ist, getan.»
«Irgendwie geschieht das alles wie von selbst», meinte Puh.

Benjamin Hoff, «Tao Te Puh»

Mehrmals etwas zu versuchen macht uns nervös, und wir werden ganz kribbelig, ob wir auch schnell genug vorwärtskommen oder genug leisten.

Kreativität aber stellt sich in reichem Maße ein, wenn wir entspannt sind. Dann kann schöpferische Energie uns frei und mühelos durchströmen. Es ist so wie mit dem Träumen. Welche Freude, erfrischt zu erwachen und zu entdecken, wieviel wir erreicht haben.

Ich muß nichts tun.

Manchmal im Leben wünschte ich mir, mit einem Kind am Fenster zu stehen, ihm die Glühwürmchen zu zeigen und es sagen zu hören: «Mammi, das ist Zauberei!»

Anna Quindlen

Als ich dieses Zitat das erstemal aufschrieb, ersetzte ich die Worte «es sagen zu hören» durch «*mich* sagen zu hören». So etwas ist kein Zufall.

Wir alle möchten das Wunder der Kindheit noch einmal durchleben. Glühwürmchen mit Kinderaugen zu sehen bringt uns zurück in eine Zeit der Unschuld und des ehrfürchtigen Staunens. Eine Zeit, als noch alles neu war, der Sommer nicht enden wollte und die Dämmerung sich wie eine weiche Decke herabsenkte, die von Leuchtkäfern und Sternen funkelte.

Wann haben wir das Wunder durch Arbeit ersetzt? Wann haben wir aufgehört zu staunen?

Ich brauche kein Kind, um wieder Kind zu sein.

Wenn du willst, daß etwas richtig gemacht wird, dann mach es selber.

Redensart

Und so machen wir's. Und machen. Und machen.

Wir machen uns unentbehrlich, weil wir den Gedanken nicht ertragen, jemand anders könnte unser Werk vermasseln.

Genau so habe ich jahrzehntelang gelebt. Schon in der Schule haßte ich Gemeinschaftsaufgaben. Ich sagte dann zu den anderen Kindern: «Geht weg, ich mach das Ganze. Ihr könnt auch eure Namen dazuschreiben, bloß mischt euch nicht ein und verderbt mir meine Arbeit.»

Wir müssen sehr darum kämpfen, den alleinigen Besitzanspruch aufzugeben und die Verantwortung zu teilen. Wenn wir es nicht tun, bleiben wir am Ende allein und erschöpft zurück. Wenn wir es aber tun, tauschen wir Perfektion gegen Partnerschaft ein.

Ich kann auch andere Menschen einen Beitrag leisten lassen, ohne deshalb mein Eigentumsrecht zu verlieren.

Die wirkliche Neugier ist so: Sie hat nichts zu tun mit dem Willen. Sie ist ein starker innerer Drang, ja, eine zwingende Notwendigkeit. Wer sich ihr widersetzen will, hat ebensowenig die Wahl wie ein vom Sturmwind getriebenes Blatt.

Milton Steinberg

Als unentbehrliche Frau auf dem Weg der Besserung lerne ich den Unterschied kennen zwischen zwanghaftem Sichantreiben zur Leistung und Festhalten an meinem Traum.

Wenn ich aufhöre, mich für unentbehrlich zu halten, bedeutet dies noch nicht, daß ich alles aufgebe. Es heißt, daß ich meine Energie nicht mehr vergeude, sondern sie konzentriert auf mein geheiligtes Ziel ausrichte.

Jeder von uns muß für sich selbst herausfinden, warum er hier auf Erden weilt.

Ich widme mich ganz und gar der unablässigen Verfolgung meines Traums.

Jobs für gelangweilte, rastlose junge Hausfrauen.

Titelgeschichte in «Cosmopolitan», 1969

Das sollte meine geringste Sorge sein!

Soweit Massenzeitschriften ein Spiegel der Wirklichkeit sind, ist obige Zeile eine aufschlußreiche Aussage über eine vergangene Ära. Ich kann an einer Hand die gelangweilten, rastlosen jungen Hausfrauen aufzählen, denen ich in den letzten zehn Jahren begegnet bin. Die meisten Frauen gäben viel für den Luxus eines guten, langen Nachtschlafs, und sie wären überglücklich, wenn sie sich nicht damit quälen müßten, ihre Arbeit pünktlich zu erledigen und gleichzeitig den Ansprüchen aller Familienmitglieder gerecht zu werden und ihren Freundeskreis zu pflegen.

Glauben Sie niemals, daß Sie nicht genug tun. Nur schon den Überblick nicht zu verlieren kann einen den ganzen Tag in Trab halten.

Ich tue mehr als genug.

Kindheit und Greisenalter sind die problemlosen Zustände des Lebens, weshalb ich sie hier auch nicht in Betracht gezogen habe.

C. G. Jung

Kindheit und Greisenalter sind die zwei Bücherstützen, zwischen denen unser Leben steht. Als Kinder haben wir zu lernen; im Alter verwandeln wir unser Wissen in Weisheit.

Dazwischen prägen wir unser Leben. Der Druck, uns zu entscheiden, wer wir sind – Verpflichtungen nachzukommen, Leistungen zu erbringen, unsere Möglichkeiten voll zu nutzen –, stürzt uns oft in Selbstzweifel.

Wenn wir die Unbeschwertheit der Kindheit wiedererlangen können, das Vertrauen, daß wir am Ende unsere Bestimmung sicher erreichen, dann können wir getrost und heiter durch unsere Dreißiger-, Vierziger-, Fünfziger- und Sechzigerjahre wandern.

Wozu die Hast?

Ergebenheit bedeutet nicht, daß man zum Fußabtreter werden muß. Es heißt vielmehr, so viel Feingefühl zu zeigen, daß man dem anderen helfen kann; sich nützlich zu machen, zu tun, was man kann, und ein Werkzeug Gottes zu sein.

Maya Angelou

Demut hat nichts mit Märtyrertum zu tun. Demütig zu sein heißt, daß wir unsere Größe vor dem Hintergrund des Universums betrachten. Märtyrertum stellt uns in den Mittelpunkt der Welt; jeder Schritt, den wir tun, erhält außergewöhnliche Bedeutung.

Demut läßt uns aus freien Stücken Hilfe leisten. Wir geben bereitwillig, ohne zu fürchten, ausgenutzt zu werden, und ohne eine Belohnung zu erwarten. An die Stelle des Grolls, den das Märtyrertum mit sich bringt, tritt die Dankbarkeit dafür, daß wir Gelegenheit hatten, zum Wohl des anderen beizutragen. Und das ist ein erhebendes Gefühl.

Meine Demut steht im richtigen Verhältnis zu meiner Eigenliebe.

Du verdrängst die Liebe aus deinem Leben, wenn du dir selber und anderen nicht die Wahrheit sagst, wer du bist und was du nötig hast.

Barbara De Angelis

Wir wünschen uns so sehr, daß andere Menschen uns lieben. Warum sonst würden wir uns unentbehrlich machen wollen?

Die Ironie des Schicksals ist aber, daß wir immer weniger liebenswert sind, je unentbehrlicher wir werden. Wir schließen uns in einen Panzer ein und stoßen die anderen Menschen zurück. Ihre Versuche, uns Liebe und Unterstützung zu geben, können die Mauer, die uns umgibt, nicht durchdringen.

Wenn es um intime Beziehungen geht, dann ist es das größere Geschenk, Liebe zu geben, als Liebe zu empfangen. Wann haben Sie wohl das letztemal zugelassen, daß jemand Sie liebt?

Ich verdiene es, geliebt zu werden.

Wisse die Welt zu schätzen, als stünde sie niemals still – wie einen Widersacher, von dem du nie die Augen abwendest, während er sich entfernt.

Annie Dillard

Es ist ein großer Trost, daß die Welt, ungeachtet dessen, was wir tun, sicher und unerschütterlich ihren Gang geht. Wir können uns darauf verlassen, daß der Himmel über unseren Köpfen und der Erdboden unter unseren Füßen ist, wie gut oder schlecht wir auch im Leben dran sind.

Die Welt ist eine Konstante. In stetem Wandel begriffen ist unser Verhältnis zu ihr. Wir können ein waches Dasein führen und uns voll einsetzen oder den Bezug zum Leben verlieren und Unentbehrlichkeit vorschützen, um uns daraus zurückzuziehen.

Ich gehöre zu dieser Welt. Ich habe mich dafür entschieden.

Punkt 20 meiner Liste: Kinderkleider in passenden Farben zusammenstellen, in Schutzhüllen aufhängen und beschriften.

Ellen Sue Stern

Ich geb's zu. Ehe ich auf eine Geschäftsreise gehe, bestimme ich, was die Kinder anziehen sollen, und achte darauf, daß die Sachen in den Farben zusammenpassen.

Auf keinen Fall sollte es vorkommen, daß sie irgendwo erscheinen und jemand bemerkt: «Seht mal, da sind Sue Ellens vernachlässigte Waisenkinder in völlig unmöglichen Kleidern.»

Kürzlich beschuldigte mich meine Tochter, ich sei die «Kleiderpolizei». Wir mußten beide lachen, und dann schlossen wir einen Vertrag, der der gerade erlangten Reife meiner Neunjährigen entsprach. In die Schule darf sie anziehen, was sie will, vorausgesetzt, die Sachen haben keine Löcher; für den Kindergottesdienst und andere Gelegenheiten, für die man sich gut anziehen muß, darf ich noch ein Wörtchen mitreden.

Ich versuche, meine Tochter als eine eigenständige Person zu sehen, nicht als mein Spiegelbild.

Sie werden es nie lernen, wenn ich immer alles für sie mache.

Iß, wenn du hungrig bist. Trink, wenn du durstig bist. Schlafe, wenn du müde bist.

Buddhistische Weisheit

Unentbehrliche Frauen sind sich selber überaus entfremdet. Statt zu beherzigen, was unsere innere Uhr uns sagt, essen wir in aller Eile, trinken, wenn wir am Verdursten sind, und fallen ins Bett, wenn wir am Ende unserer Kräfte sind.

Wir bezahlen teuer dafür, daß wir unsere elementaren Bedürfnisse so mißachten. Unsere Gesundheit leidet, unser Seelenleben verkümmert, weil wir keine Verbindung mehr zu unserem natürlichen Lebensrhythmus haben.

Wir sind keine Maschinen. Wir sind Menschen, deren Körper Nahrung und Wasser und eine Ruhepause brauchen, damit sie überleben können.

Ich muß mich um meine Grundbedürfnisse kümmern, denn auf ihnen beruht mein Wohlbefinden.

Ich habe mich nicht plötzlich verloren. Ich habe mein Gesicht über Jahre hinweg ausgelöscht, indem ich meine Schmerzen abwusch, so wie in Stein eingeritzte Muster vom Wasser weggewaschen werden.

Amy Tan

Wir suchen verzweifelt, unser verlorenes Ich wiederzufinden, indem wir uns unentbehrlich machen. Wir möchten jemand Wichtiges werden, jemand, der viel zu tun hat, jemand, ohne den die anderen verloren wären.

Das Problem ist nur, daß die stillgelegten Teile unseres Selbst nur durch Trauern geheilt werden können und dadurch, daß wir mit uns ins reine kommen. Sie können nicht wiederbelebt werden, indem wir die Narben mit einer Maske bedecken, wie schön und kunstvoll sie auch sein mag.

Blicken Sie in den Spiegel. Sehen Sie sich tief in die Augen. Sie werden erkennen, wer Sie damals waren und wer Sie jetzt sind.

Ich mußte mich verstecken. Jetzt fühle ich mich sicher, wenn ich mein eigenes Gesicht trage.

Ich hasse Hausarbeit! Man macht Betten, wäscht Geschirr ab – und ein halbes Jahr danach kann man schon wieder neu anfangen.

Joan Rivers

Ist das nicht köstlich? Es wäre schön, wenn man seinen Humor bewahren könnte angesichts der zerknitterten Bettlaken und des schmutzigen Geschirrs, das sich noch am anderen Morgen im Spülbecken stapelt, so daß man am liebsten gleich wieder unter die Bettdecke kriechen möchte.

Es ist eine traurige Tatsache, daß das, was am Abend liegengeblieben ist, auch am nächsten Morgen noch dort liegt. Das kann uns so zusetzen, daß wir ständig ein schlechtes Gewissen haben wegen allem, was von uns nicht erledigt wurde. Wir können uns aber auch beglückwünschen zu all dem, was wir getan haben.

Ich bin erwachsen. Ich kann die Dinge nach meinem eigenen Zeitplan angehen.

Eine Berührung genügt, um uns zu verstehen zu geben, daß wir auf der Welt nicht allein sind, selbst nicht im Schlaf.

Adrienne Rich

Bei einer Einladung drehte das Gespräch sich um Sex, und drei verschiedene Frauen sagten, daß sie schon seit mehreren Monaten nicht mehr mit jemandem geschlafen hatten. Sie waren zu müde, zu beschäftigt, zu abgelenkt gewesen, um überhaupt den Wunsch nach Sex zu verspüren.

Die Berührung – sei es eine liebevolle Umarmung oder eine unvergeßliche leidenschaftliche Begegnung – gehört zu den ganz großen Verlusten, wenn man unentbehrlich wird. Wir können nicht so weit umschalten, daß wir in eine zärtliche Stimmung kommen. Wenn wir im Schnellgang fahren, fällt es schwer, sich zu erinnern, wie gut wir uns beim Sex fühlen.

Liebe zu machen ist nicht ein weiterer Job. Es ist ein schönes Gefühl, und es tut mir gut.

Ich beschloß, von nun an meinen Söhnen, beides Teenager, die Wäsche nicht mehr zu waschen. Ich kaufte jedem einen Deckelkorb und sah zu, wie diese sich in drei Wochen mehr und mehr füllten. Dann hörte ich zufällig, wie sich meine Sprößlinge im Badezimmer unterhielten. «Hast du noch saubere Unterwäsche?» fragte der erste. «Nein», kam die Antwort. «Okay», sagte der erste, «dann laß uns die Körbe tauschen.»

Kursteilnehmerin

Wenn wir alles selber machen, dann machen wir es so, wie wir es für richtig halten. Wenn wir aber einen Teil der Verantwortung an die eigentlich Verantwortlichen zurückgeben, dann dürfen wir ihnen auch nicht im Wege stehen.

Nach und nach gewöhnen wir uns an die Art, wie andere Menschen ihre Angelegenheiten erledigen. Vielleicht werden wir nie begeistert sein von ihrem Stil oder ihren Maßstäben, aber jedenfalls sind wir frei, uns auf unser eigenes Leben zu konzentrieren.

Meine Zeit ist wertvoll. Ich verschwende sie nicht darauf, Dinge zu tun, die andere sehr wohl imstande sind, selber für sich zu tun.

Engel können fliegen, weil sie sich selbst leichtnehmen.
G. K. Chesterton

Wenn wir uns zu ernst nehmen, das Gesamtbild aus den Augen verlieren und uns nur noch für das Drama unseres eigenen Lebens interessieren, dann drückt unser eigenes Gewicht uns nieder.

Wir müssen uns aber von dieser Last befreien. Das geschieht, wenn wir in der Lage sind, für einen Augenblick Abstand zu nehmen und zu bedenken, daß wir nur ein winziges Teilchen inmitten eines riesigen Universums sind, nicht mehr und nicht weniger als die Vögel – und die Engel –, die um uns herumfliegen.

Ich kann mein Leben ernst nehmen, weil ich mich selbst leicht fühle.

Letztlich genügt Abschreckung nicht. Wir brauchen einen positiven Weitblick.

Ellen Sue Stern

In meinen Kursen verlange ich von den Frauen, sich einmal vorzustellen, wie sie sich fühlen würden, wenn sie aufhörten, sich unentbehrlich zu machen. «Gelassen», sagt eine. «Erleichtert», sagt eine andere. «Geschieden», scherzt eine dritte.

Wir haben so viel zu gewinnen, wenn wir unsere Unentbehrlichkeit aufgeben: Gesundheit, Vitalität, Zeit für uns selber. Wir steigen aus der Tretmühle aus und finden zu einer ruhigeren, natürlicheren Gangart.

Wir verlieren auch einige Dinge. Beachtung. Die Illusion, alles zu lenken. Jede Veränderung – auch eine positive – trifft stets auf Widerstand. Leicht fällt man ins alte Muster zurück, wenn man sich nicht auf ein zu bezwingendes Ziel zu bewegt.

Es gibt so viel, worauf ich mich freuen kann.

Ich glaube, der liebe Gott wird stocksauer, wenn du irgendwo an einem leuchtend roten Feld vorbeigehst und die Farbe überhaupt nicht siehst.

Alice Walker

Im Nachbarhaus wohnt Michael, der Stunden damit verbringt, in seinem Vorgarten Blumen zu pflanzen.

Unterdessen sitze ich an meinem Computer und mühe mich ab, meine eigenen Samen zu säen, arbeite manchmal viele Stunden, ohne überhaupt hinauszugehen, um einen Zweig mit frischem Grün von dem Eichbaum hereinzuholen, der gerade ausgeschlagen hat.

Die Welt bietet Schönheit im Überfluß. Vieles davon verpassen wir, wenn wir uns unentbehrlich machen. Die Natur wartet geduldig darauf, daß wir das Rot, das Grün und das Gold wahrnehmen.

Ich habe ein Recht darauf, Freude zu empfinden.

Es ist leichter, durch einen anderen zu leben, als selber zu einem vollständigen Ganzen zu werden.

Betty Friedan

Das ist einer der Gründe, warum wir Kinder haben. Oder herrenlose junge Hunde retten. Oder uns ständig verausgaben, indem wir in unserer Ehe die ganze «seelische Arbeit» übernehmen und sie unserem Partner so schön ersparen.

Ein vollständiger Mensch zu sein bedeutet harte Arbeit. Es ist viel leichter, sich darauf zu konzentrieren, anderen Leuten gute Ratschläge zu geben, als sich mit seinem eigenen widerspenstigen Ego auseinanderzusetzen.

Wenn wir jedoch zuviel in andere Menschen oder Hunde oder Pflanzen oder sonst irgend etwas außerhalb von uns selber investieren, locken wir uns nur selber in die Falle. Die anderen werden älter oder sterben oder bekommen es einfach satt, Gegenstand unseres Kompensationsbedürfnisses zu sein.

Die beste Versicherung gegen die Leere ist, zu lernen, voll und ganz in uns selber zu leben.

Ich bin nur verantwortlich dafür, daß ich ein *Leben lebe – mein eigenes.*

Du bist von Gott abhängig, nicht Gott von dir.

Bahya Ibn Pakudah

Was für eine Erleichterung! Die obige Tatsache klargestellt zu haben, nimmt eine riesige Last von unseren Schultern.

Als Kinder fühlten wir uns sicher im Vertrauen darauf, daß die «Großen» wußten, was sie im Leben tun mußten. Manchmal wissen sie es, manchmal auch nicht. Wenn wir einen Teil unserer Last einer höheren Macht übertragen können, dann gehen wir leichter durchs Leben.

Manche Menschen wollen sich aber nicht dafür entscheiden, ihren Willen und ihr Leben einer Macht zu übergeben, die größer ist als wir, weil sie es als Flucht, als ein Sichdrücken vor der Verantwortung, als unsinnige Abhängigkeit ansehen.

Nichts könnte der Wahrheit weniger entsprechen. Sich wirklich einer höheren Macht zu beugen erfordert viel Mut und Charakterstärke.

Ich muß nicht alles ganz alleine machen.

«Sich etwas vorzuspielen», sagte Rosalie verbittert und schnippte die Asche von ihrer kurzen schwarzen Zigarre, «ist das, was die meisten leben nennen.»

Lynne Sharon Schwartz

Wir sind die Selbsthilfe-Generation. Wir haben ein Etikett für jedes nur denkbare Verhalten und hoffen, daß wir «an uns arbeiten» können, bis wir es richtig machen.

Vielleicht arbeiten wir zu hart. Wir analysieren jede Nuance, treiben uns in unserem persönlichen Wachstum vorwärts, als drohte jede Woche das «Schlußexamen». Wir haben ein schlechtes Gewissen, wenn wir uns etwas vorspielen oder einen Flüchtigkeitsfehler machen oder zum hundertsten Mal in dieselbe Falle geraten.

Selbstprüfung ist die Straße zur Erleuchtung. Aber das sind ebenso das Lachen … das Schwimmen … und der Schlaf.

Ich muß nicht so hart an mir arbeiten.

Hallo!
Wie geht's mir denn?

Rokelle Lerner

Bei einem Vortrag empfahl Rokelle Lerner die obigen Worte auf die Vorderseite von T-Shirts drucken zu lassen. Sie würden sich bei einem Kongreß von unentbehrlichen Frauen wie warme Semmeln verkaufen.

Wir wenden uns an andere, damit sie uns sagen, ob wir unsere Sache gut machen. Wenn sie ja sagen – mit einem Lächeln, einer Gehaltserhöhung, einer Einladung zum Essen –, sind wir mit uns zufrieden. Aber das gute Gefühl kann sehr rasch zunichte gemacht werden bei der geringsten Andeutung, daß wir jemand im Stich gelassen haben.

Solange wir unser Standvermögen anzweifeln, bewegen wir uns auf schwankendem Boden. Sicheren Boden haben wir dann unter den Füßen, wenn wir stolz ein T-Shirt tragen können, auf dem steht:

Hallo! Mir geht's großartig.

APRIL

Auf einer belebten Straße wächst kein Gras.

Anonym

Meine sechsjährige Freundin Chloe ist mit ihren goldblonden Locken und den Pausbacken Shirley Temple wie aus dem Gesicht geschnitten. Doch bis zu ihrem vierten Lebensjahr war sie fast kahl – was ihre Großmutter zur obigen Feststellung veranlaßte.

Wir können nicht immer sofort greifbare Resultate unserer Bemühungen erwarten. Wahres Wachstum braucht Zeit, gleich dem gefrorenen Boden, der nur langsam auftaut. Dann beginnen die Gräser zu sprießen, und ganz überraschend ist der Frühling da!

Warten zu können – voller Zuversicht und Vertrauen in das Unsichtbare – ist eine große Herausforderung für unentbehrliche Frauen, die immer alles sofort haben wollen. Es ist eine tägliche Disziplinübung.

Keine meiner Anstrengungen ist vergebens.

Weisheit ist, zu lernen, worüber wir hinwegsehen können.

William James

Es lebe die Pingeligkeit! Als Oberaufseher für Qualitätskontrolle sorgen wir dafür, daß alles den Vorschriften entspricht. Nichts entgeht unserem Adlerauge. Fehler werden nicht verziehen.

Zu wissen, worüber man hinwegsehen oder wann man ganz wegsehen kann, ist eine erworbene Fähigkeit. Sie verlangt Disziplin und Konzentration, um zu unterscheiden, worauf wir unsere Energie richten und was wir ignorieren wollen.

In kleinen Dingen großzügig zu sein heißt nicht, daß wir unserer Aufgabe nicht gewachsen wären. Wir sparen unser Können lediglich für die Fälle auf, wo es wirklich gebraucht wird.

Nicht alles ist eine Haupt- und Staatsaktion.

Geht's dir nicht gut, kauf dir 'nen Hut!

Ratschlag einer Großmutter

Unentbehrliche Frauen neigen zu Suchtverhalten. Wir tanken auf, indem wir einkaufen gehen, Süßigkeiten essen, Pillen schlucken, kurzum das tun, was uns wieder Auftrieb gibt und die innere Leere ausfüllt.

Wenn wir nur noch unter Aufbietung der letzten Kräfte arbeiten können, brauchen wir ständig irgendeine Belohnung. Es ist ein Teufelskreis. Wir rennen herum, verausgaben uns, trinken wieder einen Kaffee oder essen einen Schokoladenkuchen, damit wir weitermachen können, bis wir von neuem am Ende sind, und so wiederholt sich der Kreislauf.

Als ich noch rauchte, waren drei Päckchen Zigaretten meine Belohnung pro Tag. Jetzt gönne ich mir, wenn ich ein Ziel erreicht habe, eine Pause, in der ich einfach dasitze und mich darüber freue, was ich vollbracht habe.

Wenn's nicht mehr weitergeht, kann ich eine Pause machen.

Wenn ich mit einer Familie zusammenkomme, um einen Nachruf vorzubereiten, sagt nie jemand über die Verstorbene: «Ich wünschte, sie hätte mehr Zeit aufs Arbeiten verwendet.»

Rabbi Joseph Black

Haben Sie sich je vorgestellt, Sie würden bei Ihrer eigenen Grabrede zuhören? Was würden die anderen über Sie sagen? Welche Worte würden sie wählen, um Ihr Leben zusammenzufassen?

Unser Leben, so wie es heute ist, wird in Erinnerung bleiben. Am Ende wird es niemanden kümmern, wie viele Gehaltserhöhungen wir bekommen oder ob wir einen unmöglichen Termin eingehalten haben.

Zählen wird allein, was für ein Mensch wir gewesen sind. Haben wir in unserem Leben Zeit gehabt für unsere Lieben? Waren wir rücksichtsvoll, fürsorglich, hilfsbereit?

Ich werde heute so leben, als gäbe es kein Morgen.

Ich bin unentbehrlich!

Aufdruck auf einem T-Shirt

Eine meiner Kursteilnehmerinnen brachte mir ein T-Shirt mit diesem passenden Spruch, das seither zu meinem bevorzugten Kleidungsstück geworden ist, denn es erinnert mich immer an meine Untugenden.

Wie alle Unentbehrlichen kann auch ich nie einfach stillsitzen. Ich muß Wäsche zusammenfalten, während ich fernsehe, Einkaufslisten notieren, während ich geschäftlich telefoniere …

Wie wäre es, wenn wir einmal zehn Minuten lang gar nichts täten? Oder eine Stunde? Einen ganzen Tag? Was würden wir wohl über uns selbst entdekken?

Heute will ich einmal den Versuch machen, zehn Minuten ganz still zu sein, nur um zu sehen, was für ein Gefühl es ist.

Ein Baum mag noch so hoch wachsen, seine Blätter kehren, wenn sie fallen, zur Erde zurück.

Malaiisches Sprichwort

Wir sollten uns regelmäßig Zeit nehmen, um darüber nachzudenken, wo wir im Leben stehen und wer wir eigentlich sind. Wie haben wir es geschafft, dahin zu kommen, wo wir jetzt sind? Was verdanken wir anderen Menschen, die in unserem Leben eine Rolle spielen? Und ist Leistung für uns gleichbedeutend mit Wert und Würde?

Wir dürfen uns nicht nur nach unseren Errungenschaften beurteilen, wie hart wir auch an unserem Erfolg gearbeitet haben. Ebenso wichtig ist, zu erkennen, welche Menschen und Kräfte (auch unsichtbare) in unserem Leben wirksam waren und diesen Erfolg ermöglichten.

Ich will dankbar anerkennen, was andere Menschen zu meinem Erfolg beigetragen haben.

Erholung ist ein langsamer Vorgang, nicht ein Ereignis.
Anne Wilson Schaef

Wir nehmen die Erholung auf uns, als sei sie ein Marathonlauf. Auf die Plätze … fertig … los!

Unentbehrliche Frauen laufen Gefahr, selbst beim Sicherholen einen Leistungsrekord aufstellen zu wollen. Es muß uns sofort wieder bessergehen!

Die Erholung ist aber ein langsamer Weg aus lauter kleinen, vorsichtig gesetzten Schritten. Dazu gehört das einzige Mal, daß wir sagen: «Nein, heute kann ich den Fahrdienst für die Schulkinder nicht übernehmen.» Ebenso das einzige Mal, daß wir eine Freundin bitten, zu uns zu kommen, einfach weil wir eine Schulter brauchen, um uns auszuweinen.

Jeder Schritt ist ein Schritt in die richtige Richtung.

Ich werde nachsichtig mit mir sein.

Frag dein Kind nur, was es zum Abendessen haben will, wenn es dich dazu einlädt.

Fran Lebowitz

Manchmal komme ich mir vor wie eine Köchin in einem Schnellimbiß. Der eine möchte Artischocken, die andere Makkaroni mit Käse.

Mütter, die außerhalb des Hauses arbeiten, fühlen sich besonders schuldig, wenn die Kinder ihre Enttäuschung kundtun. Wir stehen schon unter Anklage, daß wir nicht rund um die Uhr Mütter sind, und wir bezahlen unsere Schuld, indem wir ganz über uns verfügen lassen.

Unseren Kindern Grenzen zu setzen – ihnen zu sagen, wie weit wir gehen wollen, und dabei zu bleiben – gibt ihnen ein Gefühl der Sicherheit. Und Sicherheit gibt ihnen das Gefühl, geliebt zu werden.

Meine Kinder werden mich auch noch lieben, wenn ich nein sage.

Es heißt, man solle nicht an seiner Vergangenheit leiden, sondern imstande sein, sie wie ein loses Gewand zu tragen, das man ausziehen und ablegen kann.

Eva Jessye

Wir machen uns Vorwürfe wegen begangener Fehler, quälen uns mit der Frage, was wir anders hätten machen können.

Es wird Zeit, daß wir damit aufhören, uns andauernd herunterzumachen, unser Versagen wie einen dicken Wintermantel mit uns herumzuschleppen. Wir hätten gar nichts anders machen können, denn sonst hätten wir es getan! Wir waren so, wie wir damals waren. Jetzt sind wir so, wie wir heute sind.

Ich habe genug für meine Fehler bezahlt.

Man kann nie zu dünn oder zu reich sein.

Die Herzogin von Windsor

Diese Perle der Weisheit habe ich in jungen Jahren öfter zu hören bekommen. Obwohl ich wußte, daß der gute Rat halb scherzhaft gemeint war, hat er mich nicht daran hindern können, eifrig zu fasten.

Man kann nämlich doch zu dünn sein, wie manche sehr wohl wissen, die mit Essensproblemen zu kämpfen hatten. Es ist gefährlich, sich so lange zu schinden, bis man mager- oder arbeitssüchtig wird. Dann löst jeder Bissen Ängste aus, und die Arbeit wird nur noch Mittel zum Zweck statt zu einer Quelle der Befriedigung.

Für den, der Maß hält, kann das Essen zum Vergnügen werden und die Arbeit an sich zum Lustgewinn.

Ich werde trachten, mir Befriedigung zu verschaffen.

Ich kann einen großartigen Tag im Büro erlebt haben, aber wenn ich dann beim Nachhausekommen einen klebrigen Küchenboden vorfinde, fühle ich mich als Versager.

Ellen Sue Stern

So etwas nennt man einen «nicht übertragbaren Kredit». Auf einem Gebiet unseres Lebens leisten wir etwas, aber die Befriedigung darüber wirkt sich nicht auch auf einen anderen Sektor aus.

Wir legen bei uns selber so hohe Maßstäbe an, daß wir uns niemals zufriedengeben. Wir nehmen immer gleich eine neue Aufgabe in Angriff, statt uns einen Augenblick die verdiente Ruhepause zu gönnen und sie voller Zufriedenheit zu genießen.

Man sollte sich ganz bewußt da Lob gönnen, wo man Lob verdient hat.

Ich werde meinen Leistungen ebensoviel Beachtung schenken wie meinen Versäumnissen.

Zeit ist die Beziehung zwischen Geschehnissen.

Indianerweisheit

Für unentbehrliche Frauen ist Zeit die wertvollste Errungenschaft. Wir haben nie genug davon, und wenn wir uns deswegen grämen, werden wir nur besorgt und weniger leistungsfähig. Wir haben ein Verhältnis zur Zeit, als sei sie ein gestrenger Lehrmeister, der uns ständig über die Schulter schaut. Und der uns antreibt: Schneller! Schneller! Zeit ist Geld.

In Wirklichkeit hat die Zeit keinen konkreten Wert. Sie kann weder gespart noch vergeudet werden. Sie ist einfach da.

Ich habe eine Menge Zeit.

Wenn Gott mir doch nur ein deutliches Zeichen gäbe! Zum Beispiel, indem er einen größeren Betrag auf meinen Namen bei einer Schweizer Bank einzahlte.

Woody Allen

Wie sollten wir wissen, ob wir auch das mit unserem Leben anfangen, wozu wir bestimmt wurden?

Vielleicht ist das der Grund, warum unentbehrliche Frauen so viel machen; wir möchten uns nach allen Richtungen absichern.

Entgegen der landläufigen Meinung beweist völlige Erschöpfung nichts anderes, als daß wir unsere Kräfte verausgabt haben. Innerer Friede ist das einzig sichere Anzeichen dafür, daß wir unsere Kräfte richtig, gezielt eingesetzt haben.

Ich bin auf dem richtigen Weg.

Arbeit ist wichtig.

Virginia Woolf

Wenn wir zu einem vollständigen, selbstbewußten Individuum werden wollen, ist es wichtig, daß wir unsere Berufung und eine Arbeit finden, die uns befriedigt, unabhängig davon, ob wir sie im Hause oder außerhalb des Hauses leisten.

In dem Maß, wie wir selber wachsen, entwickeln sich auch unsere menschlichen Beziehungen. Wir müssen trachten, die Anforderungen unserer Arbeit mit den Bedürfnissen unserer Ehe in Einklang zu bringen. Sinnvolle Arbeit, die unser Selbstwertgefühl stärkt, wirkt sich auch positiv auf die Beziehung zu unserem Partner aus.

Ich werde Arbeit und Liebe gleichermaßen pflegen, um ein eigenes und ein gemeinsames Leben zu haben.

Es gibt keinen schöneren Ort als das Zuhause.

Dorothy in «Der Zauberer von Oz»

Das Zuhause kann für unentbehrliche Frauen, die nie zur Ruhe kommen, eine Zuflucht sein. Und doch benutzen so viele es nur als Haltestelle, um rasch ihre Post oder irgendwelche Nachrichten einzusammeln und sich umzuziehen, ehe sie zu ihrer nächsten Verabredung eilen.

Wenn wir Aktivität entfalten, sind wir gleichsam «eingeschaltet». Unsere Fassade ist stets untadelig, während wir unseren Pflichten nachkommen, sei es, daß wir eine Konferenz leiten, sei es, daß wir unsere Kinder zur Klavierstunde chauffieren.

Zu Hause können wir uns gehenlassen, uns aufladen. Wir können neue Kräfte sammeln, die wir brauchen, um die Außenwelt zu beeindrucken.

Zu Hause kann ich ganz ich selber sein.

Die Leute bitten einen um Kritik, aber hören wollen sie nur Lob.

W. Somerset Maugham

Unentbehrliche Frauen sind Experten im Erteilen von Ratschlägen. Wenn jemand uns um unsere Meinung bittet, glauben wir, er erwarte eine wohlüberlegte Analyse. Einfach nur zuhören genügt nicht, wir müssen noch Erkenntnisse hinzufügen. Wozu wären wir denn sonst nütze?

Wir verwechseln Unterstützung und Ratschlag. Wir nehmen es irrigerweise für bare Münze, wenn jemand uns fragt: «Was meinst du dazu?» Das ist Musik in unseren Ohren!

Meistens werden unsere brillanten Erkenntnisse aber mit Unmut oder Verärgerung aufgenommen. Seien Sie daher vorsichtig, und hören Sie, wenn Sie das nächstemal um Ihre Meinung gebeten werden, heraus, was wirklich von Ihnen erwartet wird. Ist Kritik erwünscht? Oder will der andere nur seine eigene Meinung bestätigt haben?

Kommt mein Rat aus liebevollem Verständnis, oder will ich mich damit nur wichtig machen?

Wenn du in dieser Welt leben willst, sieh zu, daß du ein Herz hast, das Leiden erträgt.

Mitrash Leviticus Rabbah

Es trifft zu, daß Leiden ein Prüfstein ist, daß es den Charakter bildet.

Leiden macht uns einfühlsam und teilnahmsvoll – natürlich zwei wunderbare Eigenschaften. Es kann aber auch zuviel des Guten getan werden. Für unentbehrliche Frauen ist Leiden sozusagen die Ausgangsbasis; wir haben ständig ein schweres Herz und leben im Bewußtsein der Last, die andere Menschen, aber auch wir selber zu tragen haben.

Um in dieser Welt zu leben, brauchen wir ebensosehr Herzen, die von Freude erfüllt sind. Glücklichsein bildet ebenfalls den Charakter.

Aus vollem Herzen muß nicht heißen mit schwerem Herzen.

Punkt 12 meiner Liste: Kleb ein Foto von dir in die Schultasche deines Sohns.

Ellen Sue Stern

Unentbehrlichkeit kann bis zur Lächerlichkeit gehen. Zum Beispiel, wenn wir uns abmühen, die Badewanne gründlich zu säubern – bloß um anschließend zu entdecken, daß wir den Belag beschädigt haben. Oder wenn wir den Babysitter die schlafenden Kinder wecken lassen – nur um ihnen noch einen Gutenachtkuß zu geben.

Wenn wir mittendrin stecken, empfinden wir die Situation gar nicht als komisch. Wir nehmen uns selber sehr ernst. Sobald wir aber etwas Abstand gewinnen, sehen wir die Dinge unter dem richtigen Blickwinkel.

Wenige Angelegenheiten sind so ernst, wie sie scheinen.

Gönnertum hat immer auch eine Kehrseite.

George Eliot

Niemand läßt sich gerne gönnerhaft behandeln. Auch wenn wir wissen, daß wir recht haben, müssen wir unseren Hang, andere Menschen wie unmündige Kinder zu behandeln, zügeln.

Hinter unseren «erzieherischen» Bemühungen versteckt sich Verachtung. Und Unsicherheit. Wir würdigen andere herab, um selber die Oberhand zu behalten. Wir tun das sehr geschickt, entweder durch unseren Tonfall, unsere Körpersprache oder die Formulierung («Meinst du nicht auch, daß man die Sache eigentlich nicht auf diese Weise betrachten kann?«), oder wir nehmen kein Blatt vor den Mund («Das ist der größte Unsinn, den ich je gehört habe!»).

Unentbehrlichsein beruht auf der Überzeugung, daß wir dem anderen von Haus aus überlegen sind. Je mehr wir andere belehren, desto mehr können wir unseren eigenen Wert beweisen.

Ich werde lieber anderen das Belehren überlassen – ich habe selber zu lernen.

Sag einfach nein.

Nancy Reagan

Das ist leichter gesagt als getan, wie man sehen kann, wenn es um die Auseinandersetzung über Drogenpolitik geht.

Von einer Sucht abzukommen ist sehr viel komplexer, als nur nein zu sagen. Um welche Droge es auch geht – Alkohol, Glücksspiel oder Sich-unentbehrlich-Machen –, die Gesundung ist ein langsamer, täglicher Prozeß.

Einfach nein zu sagen unterstellt, daß es allein auf den Willen ankommt. Doch Abstinenz geht viel weiter. Sie verlangt die völlige Vernichtung der bösen Geister, die regelmäßig ihre Ration des Suchtmittels fordern.

Wir dürfen nicht einfach zuversichtlich sein, was unsere Gesundung betrifft. Es ist der tapferste Entschluß, den wir fassen können. Letztlich kommt es nicht darauf an, nein zu sagen, sondern es kommt alles darauf an, ja zu sagen: ja zur körperlichen und geistigen Gesundheit, ja zu Ruhe und Gelassenheit.

Ich sage: Ja!

Wir sind entschlossen, Hungers zu sterben, ehe wir unseren Hunger spüren.

Henry David Thoreau

Als ich mich einmal von einer schweren Depression erholte, rief mich eine Freundin an, um sich zu erkundigen, wie es mir ginge. «Viel besser», antwortete ich. «Ich bin jetzt wieder imstande, klarer zu denken und mehr zu erledigen.»

«Moment mal!» sagte sie. «Wie wär's denn, wenn es dir besserginge, damit du ein besseres Leben hättest?»

Ich stutzte. Ich war es so gewohnt, nur an meine Arbeit zu denken, daß es mir überhaupt nicht in den Sinn gekommen war, eine größere Lebensqualität könnte ein Ziel sein.

Wir leben mit dem Streß, den unsere Unentbehrlichkeit uns verursacht. Er wird zur Routine. Bis wir den Tiefpunkt erreicht haben, z. B. krank werden, uns scheiden lassen, im Beruf einen kostspieligen Fehler machen, merken wir gar nicht mehr, wie sehr wir nach Nahrung und Ruhe hungern.

Wir brauchen nicht erst zusammenzubrechen, damit wir uns nachher besser fühlen. Schon ein bißchen Verwöhnung wirkt vorbeugend.

Ich werde meinen Hunger spüren und mir Nahrung verschaffen.

Wenn Sie eine Stunde pro Tag Ihre Tür vor den Kindern zumachen und ihnen sagen würden: «Mutter arbeitet jetzt an ihrem neuen Theaterstück», wären Sie überrascht, wieviel Respekt sie vor Ihnen hätten. Wahrscheinlich würden sie alle Schriftsteller werden.

Brenda Euland

Berufstätige Mütter sind fabelhafte Vorbilder. Dadurch, daß wir unsere eigenen Ziele verfolgen, lernen unsere Kinder, die vielfältigen Möglichkeiten zu sehen.

Was wir dafür eintauschen, ist, daß wir unseren Kindern weniger zur Verfügung stehen. Es kostet mich immer noch große Anstrengungen, meine Erwartungen mit den realen Gegebenheiten einer anspruchsvollen, zeitraubenden Berufskarriere in Einklang zu bringen.

Es ist für unsere Kinder ein Geschenk, ihre Mütter als eigenständige Persönlichkeiten zu sehen, die Erfolg in der Welt haben. Es ist ein Geschenk für uns selber – und eine Verpflichtung –, unsere Träume zu verwirklichen.

Ich bin in erster Linie ich selber.

Die Welt ist gefangen in ihrer eigenen Aktivität, es sei denn, daß diese zu Ehren Gottes ausgeübt wird.

Bhagavad Gita

Unentbehrlichkeit ist ein Gefängnis, in das wir uns selbst eingesperrt haben. «Ich kann nichts daran ändern, daß ich soviel zu tun habe», sagen wir und fühlen uns als Opfer unserer Selbstbestrafung.

Wählen können ist der Schlüssel zur Freiheit. Wenn wir uns dafür entschieden haben, etwas zu tun, selbst wenn dies schwierig oder zeitraubend ist, fühlen wir uns gut. Wir fühlen uns stark und frei, weil niemand uns gegen unseren Willen zu etwas zwingt.

Wir sind selbst verantwortlich dafür, unsere Gefängnistore aufzuschließen, indem wir eine positive Wahl treffen, eine Wahl, die unser echtes Engagement und unsere Liebe ausdrückt.

Ich bin kein Opfer. Ich kann wählen, ob ich nein oder ja sagen will.

Erwarte ein Wunder!

Autoaufkleber

Mir hat dieser Spruch immer sehr gefallen. Wenn ich am Steuer sitze und ihn an einem anderen Wagen sehe, möchte ich am liebsten dessen Fahrer zuwinken und herausfinden, ob er heute schon ein Wunder erlebt hat.

Was sind Wunder? Augenblicke eines glücklichen Zufalls, zum Beispiel wenn wir unverhofft jemanden treffen, den wir schon jahrelang nicht mehr gesehen haben und der dann unser Geschäftspartner wird; oder wenn wir im Flughafen der Liebe unseres Lebens begegnen, während wir auf den Abflug warten, der wegen eines technischen Defekts verschoben worden ist.

Wunder passieren jeden Tag und überall. Es kommt nur darauf an, sie auch zu erkennen und als Wunder hinzunehmen.

Ich bin bereit für ein Wunder.

Wenn die Kinder bei der Heimkehr meines Mannes noch lebendig sind, dann habe ich meine Sache gut gemacht.

Roseanne Arnold

Es gibt solche Tage, an denen wir mit unserer Geduld am Ende sind; an denen wir einfach keine Energie mehr haben und die Vorstellung, noch eine einzige Geschichte vorlesen oder eine neue Bastelarbeit anfangen zu müssen, uns wünschen läßt, wir wären rechtzeitig ins Kloster gegangen.

Das sind die Tage, an denen man sich selbst zuliebe fünf gerade sein lassen muß. Engagieren Sie einen Babysitter. Leihen Sie sich ein Videoband aus. Lassen Sie die Kinder Erdnußbutter aus dem Glas löffeln, während Sie ein schönes warmes Bad nehmen und sich entspannen.

Lassen Sie den Gedanken fallen, zur «Mutter des Jahres» erkoren zu werden. An manchen Tagen kann man sich schon gratulieren, wenn man sie durchsteht.

Ich mache meine Sache sehr gut.

Ich bin die einzige, die das machen kann.

Ellen Sue Stern

Sind Sie wirklich die einzige, die das machen kann? Könnte nicht jemand anders einen Teil davon übernehmen? Was würde geschehen, wenn Sie krank würden und überhaupt nichts machen könnten?

Wir müssen unsere vorgefaßte Meinung gründlich unter die Lupe nehmen. Was wir glauben, entscheidet, wie wir handeln. Wenn wir annehmen, die einzige zu sein, die etwas machen kann, dann machen wir alles allein. Wenn wir aber unsere Vorurteile abschwächen – «ich kann alles machen *oder* aber auch nur einen Teil davon» –, dann erweitern wir unseren Spielraum. Und bekommen die dringend benötigte Hilfe.

Ich werde auf meine innere Stimme hören.

Die schwerste aller Arbeiten ist das Nichtstun.

Jüdisches Sprichwort

Wir empfinden eine Leere, wenn wir aufhören, uns unentbehrlich zu machen. Diese Leere ist uns fremd und unheimlich; darum ist unser erster Impuls, wieder in das gewohnte Verhalten zurückzufallen und sie mit zwanghafter Aktivität auszufüllen. Wir tun alles, um das drohende Unausgefülltsein zu verhüten.

Mit sich selber allein sein zu können, einfach nur zu sein, ist der beste Prüfstein dafür, ob wir wirklich auf dem Weg der Genesung von unserer Unentbehrlichkeit sind. Was so bedrohlich anmutet, ist in Wirklichkeit ein Geschenk. Die Leere ist ein Sichöffnen, eine Gelegenheit, die Sehnsucht zu spüren, die wir nach einem friedlicheren, ausgeglicheneren Leben empfinden.

Leere ist ein Zustand der Bereitschaft.

Sie war müde. Es war ganz einfach das. Dieses Leben, das sie so sehr liebte, war die ganze Zeit über mit größter Anstrengung gelebt worden.

Ann Beatty

Wir können unmöglich unser Leben schätzen, wenn wir kaum die Augen offenhalten können.

Unentbehrliche Frauen sind todmüde. Wir machen uns kaputt, indem wir zuviel tun, und fragen uns dann erstaunt, wieso uns gar nichts mehr Spaß macht.

Es gibt keinen Ersatz für Ruhe. Doch ohne sie wird das, was erfreulich sein könnte, zur Plackerei. Ruhe, auch nur ein bißchen, erneuert unsere Energien und läßt uns zu einem Menschen werden, mit dem man gerne zusammen ist.

Ruhe ist nicht die letzte Rettung. Sie ist ein notwendiger Teil unseres Lebens.

Mich auf das Schlimmste vorzubereiten ist eine Tätigkeit, mit der ich begonnen habe, als ich fünfunddreißig wurde. Und dann begann auch wirklich das Schlimmste zu passieren.

Delia Ephron

Das Schlimmste zu erwarten – und sich auch noch Mühe zu geben, sich darauf vorzubereiten – läßt uns in unserer Unentbehrlichkeit verwurzelt bleiben. Man denke doch nur an die viele Arbeit, die getan werden muß, um das Ende der Welt abzuwehren!

Sich mit Krisen zu beschäftigen gibt unserem Leben Dramatik. Wir finden eine Scheinbegründung für unsere frenetische Geschäftigkeit, indem wir uns selbst als Feuerwehrleute sehen, die einsatzbereit sind, um mit klopfendem Herzen die Leiter emporzuklettern und das Feuer zu löschen.

Sich auf das Schlimmste einzustellen kommt der Enttäuschung zuvor. Wir haben es auf diese Weise in der Hand, unser Gefühl von Hilflosigkeit zu bekämpfen. Und die Belohnung: Wir haben unablässig etwas zu tun. Und der Preis: Wir müssen unablässig etwas tun.

Was aber, wenn das Schlimmste nie eintritt?

Die Frauen stützen den halben Himmel.

Buddhistische Redensart

Die Betonung liegt auf dem Wort «halben».

Den Himmel zu stützen – mit all den unglaublichen Dingen, die Frauen tun – geht weit über das hinaus, was irgendein menschliches Wesen von sich verlangen sollte.

Und doch verlangen wir noch mehr. Wir stellen uns auf Zehenspitzen, recken uns, nicht nur nach dem Horizont, sondern möchten nach dem Mond, der Sonne und den Sternen greifen.

Es ist an der Zeit, daß wir die Männer ihre Hälfte des Himmels stützen lassen. Männer können auch Windeln wechseln, Geschirr abwaschen, Babysitter engagieren und Pläne für den Samstagabend machen. Männer können alles machen, wenn wir ihnen nicht im Wege sind, sondern sie machen lassen.

Ich habe mehr als meinen Anteil übernommen. Es wird Zeit, daß ich einen Teil davon abgebe.

MAI

Wenn du glaubst, du kannst etwas, dann kannst du es. Wenn du glaubst, du kannst etwas nicht, dann kannst du es auch nicht.

Henry Ford

Unentbehrliche Frauen vergeuden unendlich viel Energie damit, sich Gedanken darüber zu machen, ob sie etwas gut genug können, statt einfach ans Werk zu gehen und die Sache zu erledigen.

Die Furcht zu versagen schließt das Gelingen aus. Das einzige Mittel, zu wissen, ob wir zu etwas fähig sind, ist, den Versuch zu wagen.

Selbstzweifel – die auf unseren Hang zur Perfektion zurückzuführen sind – quälen uns und hindern uns daran, unser Ziel zu erreichen.

Wir können die Selbstzweifel überwinden, indem wir unsere Zuversicht stärken. Echte Zuversicht, die nicht auf Waghalsigkeit beruht, sondern auf Selbstachtung, muß ein Leben lang erstrebt werden, indem wir uns sagen:

Ich kann es.

Viele Frauen scheinen Unterdrückung für ein unveränderliches Dogma zu halten.

Zelda Fitzgerald

Eine Märtyrerin zu sein heilt die Verletzungen nicht.

Wir alle haben Verletzungen erlitten. Irgendwann hat jede von uns in ihrem Leben Schmerzen oder Unterdrückung erfahren. Doch wenn wir uns unentbehrlich machen, um zu beweisen, wie schwer wir es gehabt haben, wird die Sache nur noch schlimmer.

Wir können die Kraft und die Sicherheit, die wir in der Kindheit verloren haben, nicht wiederherstellen. Die Zeiten sind vorbei. Für immer. Aber wir sind imstande, jetzt die Verantwortung für unser Leben zu übernehmen. In der Gegenwart ist die beste Heilung enthalten: selbst die Richtung zu wählen, die wir einschlagen wollen – und als unser eigener Herr vorwärtszugehen.

Ich bin niemandes Opfer.

Punkt 3 meiner Liste: Leg deinen Kindern ein Geschenk unters Kopfkissen, um dein Gewissen zu beruhigen.

Ellen Sue Stern

Eine Bekannte in leitender Stellung, die fortwährend unterwegs ist, warnte mich davor, bei jeder Rückkehr von einer Geschäftsreise den Kindern einen Haufen Geschenke mitzubringen. «Ich habe das am Anfang auch getan», sagte sie mir. «Und sehr bald konnten meine Kinder es kaum erwarten, daß ich wegfuhr.»

Wir neigen dazu, vermeintliche Mängel zu überkompensieren. Wir lassen die Kinder bis nach zehn Uhr abends aufbleiben, weil sie an zwei aufeinanderfolgenden Abenden einen Babysitter hatten. Wir verwöhnen sie mit Leckerbissen und Süßigkeiten und anderen verbotenen Früchten, um unsere Schuldgefühle zu beschwichtigen, daß wir keine «perfekten Mütter» sind.

Je mehr wir aber geben, desto weniger geben wir das, was wirklich wertvoll ist, nämlich den Kindern zu zeigen, daß Eltern auch nur Menschen sind – mit all ihren Unzulänglichkeiten.

Ich bin trotz allem eine recht gute Mutter.

Ich habe eine neue Philosophie. Ich werde mich nur noch vor einem einzigen Tag aufs Mal fürchten.

Charlie Brown

Das ist wirklich vernünftig! Wenn wir uns schon Sorgen machen müssen, dann können wir uns das Paket auch in handliche Portionen einteilen.

Die chronischen Kopfschmerzen und verspannten Muskeln so vieler unentbehrlicher Frauen kommen daher, daß wir unser Nervensystem mit Ängsten und Sorgen überschwemmen. Ängste, ob wir auch allen Anforderungen gewachsen sein werden; Sorgen, was geschehen wird, wenn wir es nicht sind.

Nichts wird geschehen. Wenn wir uns jeweils nur einen einzigen Tag vornehmen – der beste Rat, um gesund zu werden! –, können wir klar denken und uns vernünftig mit dem nächsten Punkt auf unserer Liste befassen, der erledigt werden muß.

Ich werde nur eine Sorge aufs Mal bewältigen.

Wer immer strebend sich bemüht,
Den können wir erlösen.

Johann Wolfgang von Goethe

Es ist gut, nach etwas zu streben – zu wissen, was wir wollen, und es aus tiefster Überzeugung zu erreichen suchen.

Unentbehrlich sein wollen und etwas erstreben ist nicht dasselbe, genausowenig wie zupacken und zu erreichen suchen dasselbe sind. Wir machen uns unentbehrlich, als hinge unser Leben davon ab; wir streben nach etwas, weil wir wissen, daß es uns bereichern wird, wenn wir alles darangeben.

Alles ist in meiner Reichweite.

Einen Mann zu heiraten ist so, als kaufe man etwas, das man seit langem in einem Schaufenster bewundert hat. Es gefällt einem zwar, wenn man damit nach Hause kommt, aber es paßt nicht unbedingt auch zu allen anderen Sachen.

Jean Kerr

Unentbehrliche Frauen haben die Manie, alles verbessern zu wollen. Als ich einmal verreisen mußte, kam eine Freundin solange zu Besuch und wohnte bei mir. Als ich zurückkehrte, hatte sie alle Möbel umgestellt.

Wir sind ganz besonders daran interessiert, unsere Lebensgefährten «aufzuwerten». Sobald wir sie in die Finger kriegen, versuchen wir, sie so herzurichten, daß sie unseren Vorstellungen entsprechen. Das Haar sollte etwas kürzer sein, ihre Unterhaltung etwas anschaulicher, und warum können sie bloß nie die Ketchupflasche da hinstellen, wo sie hingehört?

Die bessere Frage wäre: Warum können wir eigentlich die Dinge nicht gut sein lassen? Er braucht doch nicht genau in unsere Farbskala zu passen – die wahre Kunst liegt darin, Kontraste zu erkennen.

Unsere Unterschiede ergänzen sich gegenseitig.

«Wohin bist du gegangen, wenn ich fragen darf?» sagte Thorin zu Gandalf, während sie weiterritten.

«Dorthin, wo ich nach vorne schauen konnte», antwortete er.

«Und was hat dich gerade noch rechtzeitig zurückgebracht?»

«Daß ich zurückgeschaut habe», sagte er.

J. R. R. Tolkien

Gewöhnlich sind wir uns selbst einen Schritt voraus. Mit dem Kopf befinden wir uns bereits in der Zukunft und sind besessen von Sachen, die überhaupt noch nicht geschehen sind.

Es ist wichtig, daß wir von Zeit zu Zeit zurückblicken, um Bilanz zu ziehen und aus unserer Lebenserfahrung zu lernen.

Vorauszuschauen hilft uns, zu wissen, wohin wir gehen; zurückzublicken hilft uns, uns zu erinnern, warum wir überhaupt diesen Weg eingeschlagen haben.

Ich werde in beide Richtungen schauen.

Was immer Frauen tun, sie müssen es doppelt so gut machen wie Männer, damit man sie für halb so gut hält. Zum Glück ist das nicht schwierig.

Charlotte Whitton

Es mag gemein klingen, aber die meisten Frauen werden einverstanden sein: Die Welt erwartet von uns immer noch mehr als von Männern, ohne daß sie uns auch nur annähernd dieselben Belohnungen anbieten würde.

Unentbehrliche Frauen kontern damit, nicht nur doppelt, sondern drei- bis viermal so gut zu sein. Das ist ein erschöpfendes, sinnloses Unterfangen, das von der Voraussetzung ausgeht, wir müßten die Männer auf ihrem eigenen Terrain und in ihren eigenen Bedingungen noch übertreffen.

Diese Bedingungen werden uns umbringen, genau so, wie sie auch die Männer umbringen. Mit der uns angeborenen Intelligenz, Intuition und Kraft können und müssen wir neu bestimmen, was Erfolg eigentlich heißt.

Ich brauche nicht mit Männern zu wetteifern, um Erfolg zu haben.

Oft und viel zu lachen.
Die Achtung kluger Menschen
und das Herz von Kindern zu gewinnen.
Die Anerkennung ehrlicher Kritiker zu verdienen
und den Verrat falscher Freunde zu ertragen,
Schönheit zu schätzen, das Beste in andern zu entdecken,
die Welt ein bißchen besser zu hinterlassen …
Zu wissen, daß sogar ein Leben
leichter wurde dadurch, daß man lebte.
Das heißt, Erfolg gehabt zu haben.

Ralph Waldo Emerson

Emersons Kriterien für ein erfolgreiches Leben sind gesunde Maßstäbe für unentbehrliche Frauen. Ich finde die erste Zeile besonders hoffnungsvoll, nämlich daß wir, noch bevor wir die Achtung anderer oder Anerkennung gewinnen, oft und viel lachen sollten.

Man vergißt so leicht, daß das Leben eigentlich fröhlich sein sollte.

Ich werde daran denken zu lachen.

Glauben Sie insgeheim, daß niemand es so gut, so schnell und so effizient machen kann wie Sie?

Ellen Sue Stern

Die meisten unentbehrlichen Frauen geben ohne weiteres zu, nur sich selber zu vertrauen, daß eine Arbeit auch richtig erledigt wird. Andere Leute sind imstande, schlampige oder allenfalls passable Arbeit zu leisten. Aber Hervorragendes? Nicht daran zu denken.

Überheblichkeit ist das größte aller Hindernisse auf dem Weg zur Gesundung. Solange wir nicht sehen, daß andere Menschen eine andere, aber ebenbürtige Art haben, eine Aufgabe zu erledigen, werden wir nie davon loskommen, alles selber zu machen.

Ab und zu kann ich Spieler in einem Team sein.

Ich habe an Veränderung geglaubt. Ich habe an Wandlung geglaubt. Ich habe an Erlösung geglaubt.

Nora Ephron

So erklärt die Heldin in einem Roman von Nora Ephron, warum sie an einer schlechten Ehe festhielt: «Meine Ehe mit ihm geschah aus reinem Starrsinn. Ich heiratete ihn, obwohl alles dagegen sprach.»

Eine Lektion für unentbehrliche Frauen, die sich bessern wollen: Man kann einen anderen Menschen nicht verändern.

Wir machen uns völlig kaputt mit Warten und Hoffen, daß er Versäumtes nachholt und den Durchbruch schafft. Unterdessen reiben wir uns auf, können nicht mehr schlafen, verlieren unsere Freunde und auch noch den letzten Funken Selbstachtung, weil wir nicht loslassen können, selbst dann nicht, wenn die Ehe gescheitert ist.

Die Realität zu akzeptieren – was ist, ist, und was nicht ist, wird auch nie werden – macht uns frei, unser Leben weiterzuleben, auch wenn dies bedeutet, daß wir allein sind.

Mein Leben ist zu wertvoll, um es auf Versuche zu verschwenden, einen anderen Menschen ändern zu wollen.

Es wird auch nach dem Tod Sex geben, nur werden wir ihn nicht spüren können.

Lily Tomlin

Viele von uns spüren ihn auch jetzt nicht. Wir leben in unseren Köpfen und sind vom Hals an abwärts gefühllos.

In meinen Kursen für unentbehrliche Frauen treffe ich viele Frauen, die entweder aufgehört haben, sexuell aktiv zu sein, oder Sex nicht mehr genießen können oder beides. Sie haben keine Zeit. Oder sie lassen ihn sich gefallen und zählen die Minuten, bis sie endlich einschlafen können.

Wenn wir, um mit unserem Mann zu schlafen, darauf warten, daß zuerst die Wäsche zusammengefaltet ist oder die Kinder im Klassenlager sind oder die Millionen verdient sind, dann werden wir wahrscheinlich zeit unseres Lebens eines der schönsten Vergnügen versäumen.

Wenn Ihnen, aus welchem Grund auch immer, gar nicht sexy zumute ist, dann lassen Sie sich massieren oder gehen Sie in die Sauna. Tun Sie irgend etwas, damit Sie fühlen, wie weich und sinnlich Sie sind.

Ich verdiene es, mich wohl zu fühlen.

Wenn wir nicht mehr träumen können, dann sterben wir.

Emma Goldman

Wir sind so sehr mit den Träumen anderer Menschen beschäftigt, daß wir nie dazu kommen, unsere eigenen Träume in die Tat umzusetzen.

Wenn wir aber unsere Träume auf Eis legen, betrügen wir uns und unsere Mitwelt um ein Versprechen. Zurückgestellte Träume sterben. Sie sinken langsam in sich zusammen wie übriggebliebene Luftballons von einem Kindergeburtstag, aus denen die Luft entweicht.

Wir müssen Luft in unsere eigenen Ballons blasen, sie an ein schönes Band binden, sie bewundern, sie respektieren – sie auf ihren Höhenflug schicken.

Meine Träume sind Wirklichkeit.

Ich bin tapferen Frauen begegnet, die ausziehen, um den äußersten Rand menschlicher Möglichkeiten zu erforschen, ohne sich an ein Vorbild halten zu können, aber mit dem Mut, sich schutzlos preiszugeben, den ich unaussprechlich bewegend finde.

Gloria Steinem

Unentbehrlichkeit ist ein Entwicklungsstadium – ein Übergang vom Abstreifen der alten Haut zur Erwerbung einer neuen.

Es braucht Zeit, um sich in der neuen Haut wohl zu fühlen. Nachdem wir uns während vieler Generationen im Verhältnis zu anderen definiert haben – Peters Mutter, Davids Frau, Eleonores Mutter –, sind wir uns nicht mehr sicher, wer wir eigentlich sind. Das Althergebrachte ist uns vertraut. Müssen wir das Muster fallenlassen und ganz neu beginnen?

Zeiten des Übergangs verlangen nach einer Vision, nach Ausdauer und nach einem Korb in Reichweite, in dem wir die abgelegten Bruchstücke verwahren können. Langsam, aber sicher werden wir die richtige Paßform finden.

Ich mußte mich unentbehrlich machen. Eines Tages habe ich das nicht mehr nötig.

Es gibt keinen Platz für Gott in dem Menschen, der nur von sich selbst erfüllt ist.

Baal Shem Tov

Demut bedeutet, zuzugeben, daß wir Hilfe brauchen, anderen Platz einzuräumen, um uns zu helfen und uns zu führen, seien dies liebevolle Freunde, professionelle Ratgeber oder eine höhere Macht, der wir vertrauen.

Wir sind nicht allein, und wir brauchen nicht alle Antworten zu wissen. Wenn wir aber so tun, als kennten wir sie, überzeugen wir die anderen Menschen, daß sie uns nichts mehr geben können.

Hilfe nötig zu haben ist kein Zeichen von Schwäche oder von Versagen; Demut ist der Mut zu sagen:

Bitte, helft mir!

Letzten Endes ist nicht das, was du für deine Kinder tust, sondern das, was du sie gelehrt hast, für sich selber zu tun, was sie zu erfolgreichen Menschen machen wird.

Ann Landers

Alles für unsere Kinder zu tun, statt ihnen beizubringen, es selbst für sich zu tun, hat einen großen Reiz für unentbehrliche Frauen, und zwar aus zwei Gründen: Wir haben die Kontrolle über das Resultat, und wir werden für unsere Kinder zu Helden – oder Dienstboten, je nachdem, wie man es betrachtet.

Etwas für unsere Kinder zu tun bedeutet kurzfristig, daß Dinge erledigt werden. Auf lange Sicht aber tun wir niemandem damit einen Gefallen. Wir verausgaben uns, empfinden nach und nach Groll und hindern unsere Kinder, wertvolle Fähigkeiten zu entwickeln, die ihnen im Leben nützlich sein werden, wenn wir schon lange nicht mehr da sind.

Ich bin die Lehrerin meiner Kinder, nicht ihre Sklavin.

Würde es Sie nicht auch ankotzen, wenn Sie seit zwanzig Jahren diejenige wären, die jede Aussprache über ihre Ehe herbeiführen muß?

Ellen Sue Stern

Mit der Zeit werden wir es leid, in unseren Beziehungen immer alle Steine aus dem Weg räumen zu müssen, beide Seiten in einer Unterhaltung zu bestreiten wie ein Bauchredner mit einer Puppe auf dem Schoß.

Und doch bringen wir immer wieder vor einem schweigenden Partner Probleme zur Sprache. Was ist eigentlich los mit ihm? Ist er mit dem Zustand zufrieden, oder ist ihm unsere Beziehung gleichgültig, daß er nichts für sie tun will?

Zu reden ist nicht die einzige Art, sich nahe zu sein. Zu spielen, etwas im Hause zu installieren oder zu ändern, einen guten Film im Fernsehen anzusehen, all das schafft Gemeinsamkeit und Nähe, ohne daß es zu einer Szene kommt.

Ich will die Dinge ganz natürlich geschehen lassen.

Menschen verändern sich und vergessen, es sich gegenseitig wissen zu lassen.

Lillian Hellman

Unentbehrliche Frauen bewegen sich rasch vorwärts, sei es, daß sie durch dichten Verkehr chauffieren, sei es, daß sie wichtige Wechsel im Leben vollziehen.

Wenn das Wachstum unseres Partners aber nicht ebenso schnell und sichtbar ist wie unser eigenes, geraten wir in Panik. Wir fragen uns dann besorgt, ob wir ihn so weit hinter uns gelassen haben, daß er im Rückspiegel unserer Sicht entschwindet.

Menschen wachsen mit der ihnen eigenen Geschwindigkeit. Zu gegebener Zeit erreichen wir die neue Stufe, aber beschleunigen können wir das Tempo nicht.

Wichtig ist vor allem, daß wir uns mitteilen. Wir können nicht erwarten, daß ein anderer allen Biegungen und Kurven unseres Weges ohne weiteres folgen kann. Wenn wir wollen, daß unser Reisegefährte uns begleitet, müssen wir ihn an unseren Veränderungen teilhaben lassen.

Es liegt nur an mir, anderen Leuten zu sagen, was ich möchte, das sie wissen.

Wer wenig bedarf, der kommt nicht in die Lage, auf vieles verzichten zu müssen.

Plutarch

Haben Sie sich je gefragt, was wohl geschehen würde, wenn Ihre sämtlichen Sicherheitsvorkehrungen plötzlich verschwänden und Sie noch einmal von vorn beginnen müßten?

Was für ein Leben würden Sie sich schaffen? Würden Sie die gleichen Entscheidungen treffen oder ein gewisses Maß an finanzieller Sicherheit lieber gegen Zeit für sich selber eintauschen oder Zeit mit Ihrem Partner, Ihren Kindern und Ihren Freunden?

Jeden Tag sollten wir uns drei Fragen stellen: Was erwarte ich von meinem Leben? Auf was muß ich verzichten? Ist das, was ich bekomme, den Verzicht wert?

Ich gehe nicht in die Falle.

Lieber sich biegen als brechen.

Schwedisches Sprichwort

Unentbehrliche Frauen malen die Dinge schwarzweiß. Grau ist zu nebelhaft; jede Spur von Ungewißheit bedroht den festen Griff, mit dem wir unser Leben halten.

Es ist wichtig für unsere Gesundung, daß wir lernen nachzugeben, unseren Terminplan weniger zu befrachten, flexibel zu sein, auch wenn etwas völlig Unerwartetes eintritt.

Nehmen wir uns ein Beispiel an der Palme. Aufrecht und stark steht sie mit geöffneter Krone in der Sonne. Haben Sie je eine Palme im Sturmwind gesehen? Ihre verborgene Stärke liegt darin, daß sie die Fähigkeit hat, sich zu biegen und doch stehen zu bleiben.

Ich bin stark genug, um mich zu beugen, ohne zu zerbrechen.

Nichts ist von Dauer außer dem Wechsel.

Heraklit

Jeder Wechsel ist unangenehm. Ich komme immer zu spät, weil ich höchst ungern von da weggehe, wo ich gerade bin. Wenn ich mich irgendwohin begebe, muß ich mich zwingen, ins Auto zu steigen. Doch wenn ich dann angekommen bin, möchte ich gar nicht wieder aussteigen. Ich gewöhne mich an den Ort, an dem ich bin.

Wir sehnen uns nach Beständigkeit, nach der inneren Sicherheit, die wir empfinden, wenn wir wissen, daß wir angekommen sind, daß wir unser Ziel erreicht haben.

Doch wenn wir an einem Ziel sind, gibt es schon wieder ein anderes, wohin wir gehen sollen.

Jeder Wechsel ist auch eine neue Chance.

Wenn dir etwas nicht gleich gelingt, versuch's noch einmal, und noch einmal. Und dann laß es bleiben. Es hat keinen Zweck, sich lächerlich zu machen.

W. C. Fields

Unentbehrliche Frauen geben nie auf. Und auch nicht nach. Es kommt nicht in Frage, daß sie die Flinte ins Korn werfen. Wenn sie sich einer besonders großen Herausforderung gegenübersehen, werden sie ihre Anstrengungen verdoppeln und mit neuen, geschickten Mitteln kämpfen, um zu gewinnen.

Es kommt aber der Augenblick, da man die Versuche aufgeben muß. Wenn Ausdauer in starrköpfigen Stolz umschlägt, wird es Zeit, aus dem Ring auszusteigen.

Ich habe mich genug bemüht.

Jedesmal, wenn du jemand anders etwas Gutes angetan hast, dann tue gleich danach dir selber auch etwas Gutes an.

Ellen Sue Stern

Das klingt gar nicht nach irgend etwas Besonderem, bis wir uns einmal alle Gefallen aufzählen, die wir uns selber schuldig sind.

Alles zählt! Wenn wir fragen: «Wie geht's dir?» und wirklich zuhören, was der andere antwortet. Wenn wir einem Fremden zulächeln. Wenn wir einer Freundin, die in Schwierigkeiten ist, einen wohlüberlegten Rat geben.

Wir geben anderen mit größter Selbstverständlichkeit. Wenn wir uns selbst gegenüber nur halb so großzügig wären, könnten wir uns den ganzen Tag lang «Danke!» sagen.

Ich werde mich selbst ebenso gut behandeln, wie ich andere behandle.

Unsere Freunde sind derjenige Teil der Menschheit, bei dem wir menschlich sein können.

George Santayana

Unsere Freunde sind die von uns gewählte Familie. Sie sind unsere Rettungsleine, unser Lackmustest, der Spiegel, der unsere Stärken und Schwächen reflektiert.

Es ist überaus wichtig, daß wir uns mit Freunden umgeben. Freunden, die uns so akzeptieren, wie wir sind. Die uns selbst dann noch lieben, wenn wir ekelhaft und eigensinnig sind und uns selber nicht gern haben können.

Gute Freunde sind die Belohnung dafür, daß wir uns Mühe geben, uns zu bessern.

Meine Freunde kennen mich und lieben mich.

Nehmen Sie die Menschen, wie sie sind. Andere gibt's nicht.

Konrad Adenauer

Wir fragen uns manchmal, ob unsere Probleme wohl etwas Besonderes, ob sie so aufregend und interessant sind, daß wir zu einer Talk-Show im Fernsehen eingeladen werden könnten.

Was uns in Wirklichkeit unterschwellig beunruhigt, ist die Frage, ob wir nicht eher ein ganz normaler Sterblicher sind, der ein durchschnittliches Leben führt.

Es gibt aber nicht so etwas wie einen «Durchschnittsmenschen». Wir kennen eine durchschnittliche Regenmenge, eine durchschnittliche Arbeitszeit – aber nicht einen Durchschnittsmenschen.

Jedes Leben ist außergewöhnlich. Nicht wegen der dramatischen Ereignisse, die sich darin abspielen, sondern wegen unseres einmaligen Wesens, das uns von allen anderen abhebt.

Ich bin nicht wie irgend jemand anders.

Hinter der Leistung erwacht in der Analyse das kleine Kind und fragt sich: «Wie wäre es, wenn ich böse, häßlich, zornig, eifersüchtig, faul, schmutzig, stinkend vor euch gestanden wäre? Wo wäre dann eure Liebe gewesen?»

Alice Miller

Wenn ihr mich wirklich kennen würdet, wäret ihr dann immer noch meine Freunde? Unentbehrliche Frauen sind sich da nicht sicher, und darum zeigen sie nur die Seiten von sich, die «sterilisiert» und sicher sind.

Wir haben panische Angst, durchschaut zu werden. Unsere schrulligen, unordentlichen, nicht so schönen Seiten lauern hinter unserer wackeligen Fassade, jederzeit bereit, wie Nachtmahre hervorzuspringen.

Wir wünschen uns so verzweifelt, um unserer selbst willen geliebt zu werden. Uns ganz und gar im Licht zu zeigen, damit jeder uns sieht.

Ich brauche mich nicht mehr zu verstecken.

Ein Haus braucht ebensowenig eine Ehefrau wie einen Ehemann.

Charlotte Perkins Gilman

In meinem Haus gibt es weder die eine noch den anderen, und es fällt deswegen noch lange nicht zusammen.

Natürlich würde ein bißchen Zusammenarbeit im Haus zu einer guten Partnerschaft beitragen, falls wir es fertigbringen, mit unserer Kritik zurückzuhalten.

Wir reißen ihm das Baby aus den Armen, weil er es sein Bäuerchen nicht richtig machen läßt. Wir bitten ihn, das Geschirr zu spülen, springen 30 Sekunden später schon auf, weil er noch nicht damit angefangen hat, und machen es wutentbrannt selber.

Überlegen Sie sich einmal: Würden Sie irgend etwas versuchen wollen, wenn Sie sich dabei immer von jemand anders gegängelt fühlten?

Es muß nicht immer alles perfekt sein.

Die Zeit ist eine Schneiderin, die auf Änderungen spezialisiert ist.

Faith Baldwin

Wir sind ungeduldig mit uns selber, können Mängel und Unvollkommenheiten nicht ertragen.

Wenn wir sie aber als Änderungen an einem erst im Entstehen begriffenen Meisterwerk betrachten, dann können wir uns entspannen und uns darüber freuen, wer wir jetzt schon sind.

Mit der Zeit verfeinern wir das Gewand mit einem Abnäher hier und einem Stich dort, so wie wir allmählich in uns hineinwachsen.

Ich arbeite fortwährend an mir.

Wenn ich eine alte Frau bin, werde ich Rot tragen …
Elizabeth Lucas

Wir wählen unsere Worte, unsere Farben, ja, sogar unsere Nahrungsmittel so bedachtsam, als seien wir ständig kritisch beurteilenden Blicken ausgesetzt.

Dabei ist es den anderen gleichgültig. Aber uns nicht. In unserem Streben nach Unentbehrlichkeit erfinden wir uns fortwährend neu, um unserem Publikum zu gefallen.

Mit zunehmendem Alter kümmert es uns weniger, was andere Leute denken. Wir fangen an, uns auffällig zu kleiden oder uns einsiedlerisch zurückzuziehen oder uns sonstwie zu verhalten, wie es uns paßt.

Vielleicht ist es an der Zeit, jetzt damit zu beginnen. Nur Ängstlichkeit hält uns davor zurück.

Je mehr ich zu mir selber finde, desto mehr werden andere Menschen sich von mir angezogen fühlen.

Der Wendepunkt ist jener Augenblick, da man die Ablehnung aufgibt und die nackte Wahrheit akzeptiert. Da fällt es einem wie Schuppen von den Augen.

Ellen Sue Stern

Es kommt der Moment, in dem wir uns bewußt werden, wie sehr wir uns selber schaden. Wir werden krank. Unsere Ehe leidet unter Vernachlässigung. Unsere Freunde wenden sich einer nach dem anderen von uns ab, weil wir ihnen nicht einmal mehr guten Tag sagen.

Ist es unvermeidlich, daß wir auf einen Tiefpunkt sinken? Oder können wir den Heilungsprozeß einleiten, ehe wir so fest eins aufs Dach bekommen, daß es ernsthafte Folgen hat?

Warum sollen wir darauf warten, daß wir fast gänzlich zusammenbrechen? Wenn Sie übermüdet, überfordert oder auch unterernährt sind, so sind dies Anzeichen dafür, daß es höchste Zeit ist, wieder zu einem ausgeglichenen Leben zurückzufinden. Handeln Sie jetzt! Machen Sie aus dem Heute einen Wendepunkt zum Positiven.

Ich bin bereit, mit der Gesundung zu beginnen.

Der Platz einer Frau ist… in einem Restaurant.

Grußkarte

Heutzutage ist der Platz einer Frau überall da, wo sie sein will. Der Nachteil ist nur, daß wir allzuoft an sechs oder sieben Plätzen gleichzeitig sind.

In unseren hektischen neunziger Jahren gibt es keine Möglichkeit, damit aufzuhören, es sei denn, man zöge das Große Los oder erlitte einen totalen Nervenzusammenbruch. Da das erste unwahrscheinlich und das zweite ungesund ist, müssen wir selbst die Bremse in unserem vielbeschäftigten Leben anziehen.

Manchmal ist der Platz einer Frau wirklich in einem Restaurant. In jedem Restaurant – damit sie sich setzen und sich bedienen lassen kann.

Ich kann mir von Zeit zu Zeit ein besonderes Vergnügen leisten.

JUNI

Ein unerforschtes Leben ist nicht lebenswert.

Plato

Selbstprüfung ist eine eingebaute Schutzvorrichtung gegen den Unentbehrlichkeitsdrang.

Wenn wir uns ganz ehrlich selbst betrachten, dann sind wir schon auf dem Wege der Besserung. Wir beginnen zu erkennen, wie, wann und warum wir Unentbehrlichkeit vorschützen, um vor der Leere zu fliehen und andere dazu zu bringen, uns zu lieben.

Der Wahrheit ins Gesicht zu sehen kann erschrekkend sein, weil es uns wichtige Veränderungen anzeigt, zu denen wir vielleicht noch nicht bereit sind. Es ist in Ordnung, langsam vorwärtszugehen, nur so viel Information ans Licht zu bringen, wie wir ertragen können.

Ich bin bereit, mich selbst zu erkennen.

Seit meinem vierundzwanzigsten Lebensjahr bin ich nie unsicher geworden in meinen Vorhaben oder Vorstellungen, wozu Gott mich bestimmt hatte.

Florence Nightingale

Manche Menschen kennen ihre Berufung schon mit neun Jahren, während andere, wenn sie schon hoch in den Dreißigern sind, immer noch herauszufinden suchen, was sie machen wollen, wenn sie einmal erwachsen sind.

Unentbehrliche Frauen neigen dazu, dem Lauf der Dinge immer noch nachzuhelfen, statt ihn natürlich fließen zu lassen. Wir machen Einjahres-, Fünfjahres- oder sogar Zwanzigjahrespläne, um uns das Gefühl zu verschaffen, unser Leben im Griff zu haben. Wir setzen uns feste Ziele und verfolgen sie auf Biegen oder Brechen.

Aber der Weg geht nicht nur geradeaus. Er hat Biegungen. Wir müssen flexibel bleiben, ständig bereit, die Dinge neu zu beurteilen, damit wir im gegebenen Moment die richtige Wahl treffen können.

Ich kann meine Meinung auch ändern.

Gepriesen seist Du, o Herr… der Du uns geheißen hast, das Sabbatlicht anzuzünden.

Jüdische Liturgie

In der jüdischen Tradition ist der Sabbat die Zeit, die der Ruhe vorbehalten ist. Jegliche Arbeit oder körperliche Anstrengung ist vom Sonnenuntergang am Freitag bis zum Sonnenuntergang am Samstag verboten.

Die Vorstellung einer Zeitspanne von vierundzwanzig Stunden, die der Ruhe und Besinnung gewidmet sind, hat etwas sehr Anziehendes. Wie wunderbar, ausruhen zu *müssen.*

Für unentbehrliche Frauen ist eine eingeplante – und eingehaltene – Ruhepause etwas sehr Vernünftiges, sei es, daß sie den Sabbat einhalten, «den Sonntag heiligen» oder sich einfach jeden Tag etwas Zeit für sich nehmen.

Es ist ein Segen, ausruhen zu können.

Trauern heißt Frieden schließen mit der Veränderung.

Indianische Weisheit

Ich bin in Scheidung begriffen. Es ist ein erschreckender und schmerzlicher Prozeß, den ich durchstehen muß. Ich tue, als ob alles beim alten sei, und versinke in Terminen.

Schließlich lande ich in der Notfallstation mit einer Migräne, die trotz Schmerzspritzen zehn Tage nicht nachläßt. Ich kann nicht mehr arbeiten. Ich breche körperlich zusammen und muß aufhören.

Als ich untätig bin, empfinde ich die Tiefe meines Verlusts. Ich beginne, über das Ende meiner elf Jahre dauernden Ehe zu trauern, weine, bis der Schmerz vom Kopf ins Herz wandert, wo er hingehört.

Als ich mit diesem Stück Trauerarbeit fertig bin, kann ich wieder arbeiten.

Meine Unentbehrlichkeit wird meinen Schmerz nicht lindern, sondern ihn nur verlängern.

Ich hatte nicht dreitausend Paar Schuhe, sondern eintausendundsechzig.

Imelda Marcos

Es ist komisch, aber traurig. Vielleicht können wir uns nicht einmal vorstellen, derartig viele Schuhe zu besitzen, aber wir wissen sehr wohl, wie es ist, maßlos zu übertreiben, wenn wir mit unseren Gefühlen ins reine kommen müssen.

Wir sind süchtig nach Süßigkeiten, machen zwanghaft Fitneßübungen oder kaufen ein, bis wir umfallen. Je mehr wir uns verausgaben, desto mehr müssen wir uns zusammennehmen, um uns selber für unsere Anstrengungen zu belohnen.

Doch nichts ist genügend. Alle Schuhe der Welt können den Schmerz, der unter unserer Unentbehrlichkeit sitzt, nicht heilen. Wir müssen das Verhaltensmuster durchbrechen, nicht Trost in falschen Hilfsmaßnahmen suchen.

Ich weiß, daß ich meine Unentbehrlichkeit mit anderen Zwangshandlungen nähre. Ich bin jederzeit bereit, damit aufzuhören.

Punkt 8 meiner Liste: Räume die Kommodenschubladen auf für den Fall einer Feuersbrunst.

Ellen Sue Stern

Wir wappnen uns gegen Katastrophen, weil es uns das Gefühl gibt, die Dinge im Griff zu haben. Ordnung in unsere Sachen zu bringen verschafft uns eine scheinbare Sicherheit, obwohl unser Verstand uns sagt, daß Feuersbrünste und andere Katastrophen sich im allgemeinen unserer Kontrolle entziehen.

Es gibt auch noch eine andere Möglichkeit: sich mit ruhiger Gelassenheit auf die Stürme des Lebens einstellen, statt die Luken für den schlimmsten aller denkbaren Fälle dichtzumachen.

Es gibt Dinge, die ich nicht in meiner Gewalt habe.

Mein Ex-Ehemann pflegte zu sagen: «Du siehst häßlich aus. – Aha, jetzt, da ich auf deine Aufmerksamkeit zählen kann ...» Er behauptete, ich hörte nie, wenn er mir ein Kompliment machte, spitzte aber gleich die Ohren, sobald er mir etwas Negatives sagte.

Natalie Goldberg

Wenn uns jemand etwas Nettes sagt, machen wir uns schon auf schlechte Nachrichten gefaßt – eine Beleidigung oder ein Urteil, das unserem Wohlgefühl einen Dämpfer aufsetzt.

Unser selektives Empfinden filtert sehr leicht alles Positive heraus, so daß wir nur das Negative aufnehmen (und glauben). Es ist eine Art Selbstschutz. «Ich sage mir alles Schlechte lieber selber, bevor jemand anders es tut.»

Uns selbst zu lieben ist eine tägliche Schulung. Es bedeutet, daß wir bedingungslos zu unseren Leistungen stehen, ohne sie in irgendeiner Weise zu bewerten. Und ohne eine Belohnung zu erwarten.

Ich wage es, eine gute Meinung von mir zu haben.

Besorgnis sollte uns zum Handeln, nicht in eine Depression treiben.

Karen Horney

Wir empfinden sehr stark die Nöte unserer Freunde, unserer Familie, unserer Umgebung. Es genügt schon vollauf, morgens zu erwachen und Zeitung zu lesen, damit wir uns deprimiert fühlen.

Handeln ist das Heilmittel gegen Verzweiflung. Wir können aber nichts Nützliches tun, wenn wir vom Gefühl einer übergroßen Verantwortung gelähmt sind. Wir müssen entschlossen handeln, im Vertrauen darauf, daß jeder einzelne Schritt etwas bewirkt.

Das bedeutet nicht, daß wir es mit der ganzen Welt aufnehmen müßten. Unsere einzige Aufgabe besteht darin, zu wissen, wer wir sind, und zu tun, was wir tun können.

Ich kann mithelfen.

Wo zuviel ist, da fehlt etwas.

Jüdisches Sprichwort

Unser Streben nach Unentbehrlichkeit treibt uns zu Exzessen – wir bemühen uns zu sehr, arbeiten viel zuviel. Eiserne Entschlossenheit führt zwar momentan zum Erfolg, fordert aber einen stattlichen Preis in anderen Bereichen unseres Lebens.

Zu einem Gleichgewicht zu finden ist das Ziel des Gesundungsprozesses. Arbeit ohne Ruhepause, Handeln ohne Auftanken zermürbt uns nur und macht uns fertig.

Alle Teile unseres Selbst brauchen Nahrung, damit wir ein ausgeglichenes Leben führen können.

Ich werde meinem Körper, meinem Verstand und meinem Herzen gleichermaßen meine Aufmerksamkeit schenken.

Den Schlüssel zum Erfolg kenne ich nicht; aber der Schlüssel zum Mißerfolg ist, es jedermann recht machen zu wollen.

Bill Cosby

Es gibt auf der Welt keine Möglichkeit, allen Leuten zu gefallen, obwohl unentbehrliche Frauen dies mit allen Mitteln versuchen. Wir ertragen es nicht, jemanden zu enttäuschen, weil wir befürchten, seine Liebe zu verlieren.

Wenn wir in erster Linie versuchen, es uns selbst recht zu machen, dann werden wir automatisch das Richtige tun.

Das Richtige tun heißt aber nicht unbedingt, andere Menschen zu beglücken. Es heißt vielmehr, daß wir uns selbst das befriedigende Gefühl verschaffen, Entscheidungen zu treffen, die im Einklang mit unserer Ethik und unseren Wertvorstellungen stehen.

Ich habe Erfolg, wenn ich mir selber treu bin.

Ich möchte öfter weinen. Das ist der einzige Vorteil, den Frauen gegenüber Männern haben – sie dürfen wenigstens weinen.

Jean Rhys

Wir kämpfen gegen die Tränen an, versuchen mit aller Kraft, stark zu sein, wenn wir uns eigentlich einmal richtig ausweinen sollten.

Einer unentbehrlichen Frau mag Weinen wie Zeitverschwendung vorkommen. Mehr als einmal habe ich Frauen mit seelischen Schmerzen beobachtet, die sich zusammenrissen, tief Luft holten und weitermachten wie tapfere, ungerührte Soldaten. Ich kann sie nur an General Norman Schwarzkopf erinnern, der in einem Fernsehinterview mit Tränen in den Augen erklärte: «Ich würde mir Sorgen machen um jeden General, der nicht weinen könnte.»

Weinen hat etwas Reinigendes. Beobachten Sie doch einmal, was geschieht, wenn Kinder brüllen. Sie sind hinterher erschöpft, aber friedlich. Und dann kommt ein neuer Energieschub.

Meine Tränen sind mir meine Zeit wert.

Einen Haushalt zu führen ist kein Spaß.

Louisa May Alcott

Die meisten unentbehrlichen Frauen streben nach einem «idealen Heim». Alle die verführerischen Artikel in Wohnmagazinen über Designer-Wohnungen mit perfekt aufeinander abgestimmten Zierkissen, die wie zufällig auf dick gepolsterten Sofas liegen, haben es darauf abgesehen, uns Schuldgefühle einzuflößen, wenn wir uns nicht auch in diesem angestammten Bereich als Superfrau erweisen. Wir kommen uns vor wie Ameisen in einem Haufen Kram, fühlen uns schuldig, weil wir wissen, daß in allen Ecken unseres vielbenutzten Wohnzimmers der Staub lauert, und meinen, wir seien gezwungen, ein glänzendes, aufgeräumtes Ambiente zu schaffen.

In Wirklichkeit kümmert es niemanden außer uns selber. Lieber sollte unser Zuhause gemütlich sein als ein Ausstellungsstück zur Erbauung anderer Leute.

Mein Heim ist ein Zuhause, nicht ein Modell für einen Zeitschriftenartikel.

Wenn Sie damit aufhören, sich unentbehrlich zu machen, bringen Sie sogar mehr zustande. Sie hören auf, Ihre Energie zu vergeuden und im Kreis herumzurennen.

Ellen Sue Stern

Es klingt wie ein Witz, aber je mehr wir tun, desto weniger bringen wir zustande. In dem Maß, wie wir uns verausgaben, hören wir auf, mit ungeteilter Aufmerksamkeit bei der Sache zu sein. Wir machen Flüchtigkeitsfehler und vergessen den Sinn unseres Tuns, weil unser Gehirn übermüdet ist.

Eine wichtige Regel für unentbehrliche Frauen, die genesen möchten: Weniger ist mehr. Das Ziel der Gesundung ist, sich wieder den Dingen zuzuwenden, die wirklich etwas bedeuten. Dann können wir unsere Energie gezielt einsetzen. Dann können wir mit einer gelungenen Arbeit zufrieden sein.

Was zählt, ist Qualität, nicht Quantität.

Ergreife jede Gelegenheit, dich selbst zu verwöhnen!

Meta Colgrove

Sichverwöhnen muß nicht teuer sein. Es genügt schon, sich ab und zu Zeit zu nehmen für einen ruhigen Spaziergang, für ein entspannendes Duftbad, für ein Kaffeetreffen mit einer Freundin, eine Behandlung im Kosmetiksalon oder einen Gang zum Friseur.

Sich in Ruhe mit seinem Äußeren und seinem Inneren zu beschäftigen kann Wunder wirken. Man sollte deshalb kein schlechtes Gewissen haben, sich öfter eine solche «Verwöhnungskur» zu gönnen.

Ich kann mich gar nicht genug verwöhnen.

Wenn ich doch solch eine Legende bin, warum bin ich dann so einsam?

Judy Garland

Es ist ernüchternd, wenn man an die Superstars denkt, die einmal so hell leuchteten und dann ausbrannten.

Judy Garland, Janis Joplin, Marilyn Monroe – zu ihrer Zeit ganz große Unentbehrliche – rührten Millionen von Herzen und starben doch mutterseelenallein.

Wir bewegen uns auf einer kleineren Bühne, und doch empfinden wir eine ähnliche Vereinsamung, wenn wir menschliches Nahesein gegen Unentbehrlichkeit eintauschen.

Es ist eine Sache, einen großartigen Eindruck zu machen. Doch wenn der Vorhang fällt, stehen wir allein im Scheinwerferlicht.

Heute will ich mich einmal frei fühlen, niemanden beeindrucken zu wollen.

Ich möchte keinem Klub angehören, der so jemanden wie mich als Mitglied aufnimmt.

Groucho Marx

Prahlerei und geringe Selbstachtung sind zwei Seiten derselben Medaille. Das Bild, das wir uns von uns selber machen, ist verzerrt. Wir pendeln zwischen Selbstbetrug («Ich kann das alles am besten») und Selbstverleugnung («Ich habe nichts zu bieten»).

Beides ist falsch. Heilung von unserer Unentbehrlichkeit heißt, den an uns gestellten Anforderungen zu genügen – nicht mehr und nicht weniger.

Wenn wir vom Sockel unserer Gottähnlichkeit herabsteigen und einsehen, daß wir ganz normale Sterbliche sind, dann können wir auch die Erfahrung eines wechselseitigen Gebens und Nehmens machen. Dann gibt es keinen Anführer und keine Gefolgsleute, nur Menschen, die Seite an Seite gehen.

Ich kann die Freude empfinden, eine unter meinesgleichen zu sein.

Einige meiner Gefühle waren so lange auf Eis gelegt, daß sie Frostbeulen haben.

Melody Beattie

Wir frieren unsere Gefühle ein, weil wir Angst haben und uns für zu verletzlich halten, um mit ihnen umzugehen. Wir lernen es, weiterzumachen und so zu tun, als ob alles in bester Ordnung sei.

Wenn wir bereit sind, tauen wir sie langsam wieder auf. Es braucht Zeit, Vertrauen und Sicherheit, Gefühlen aus der Vergangenheit gegenüberzutreten. Wenn sie offen an den Tag gebracht sind, dann schmilzt nach und nach auch der Schmerz dahin.

Ich kann wieder ein Ganzes sein.

Mein Mann sagte mir, er wolle ein Verhältnis mit einer Rothaarigen haben, also habe ich meine Haare rot gefärbt.

Jane Fonda

Was wir doch alles tun, nur um den Wunschvorstellungen anderer zu entsprechen!

Als ich Mitte Dreißig war, habe ich mit verschiedenen Haarlängen und Frisuren experimentiert, um mir ein neues Aussehen zu geben.

Als ich mir eines Tages eine Dauerwelle machen lassen wollte, erhob meine Friseuse Einspruch. «Ich mag Sie wirklich gerne, und es liegt mir etwas an Ihrem Haar. Aber wenn Sie eine Dauerwelle machen lassen, fällt es aus.» Der Chef kam dazu und beschwor mich, auf meine bisherige wilde Mähne zu verzichten, und auch die Maniküre und die Kosmetikerin pflichteten dem bei. «Also gut», gab ich schließlich nach. «Aber wenn Sie mir keine Dauerwelle machen wollen, dann färben Sie mir die Haare wenigstens.»

Ich will für mich selber gut aussehen.

Das Gegenteil von Reden ist nicht Zuhören. Das Gegenteil von Reden ist Warten.

Fran Lebowitz

Unentbehrliche Frauen vollenden die Sätze anderer. Wozu warten, wenn man doch weiß, was sie denken.

Nicht nur hören wir nicht richtig zu, wir unterbrechen den anderen auch, ehe wir an der Reihe sind. Wir tun dies nicht aus Unhöflichkeit, sondern weil wir so begierig sind, angehört zu werden. Wir wollen unbedingt zeigen, wieviel wir wissen, und die anderen von unserem Standpunkt überzeugen.

Sich dem anderen gegenüber respektvoll zu verhalten – was bedeutet, daß man ihm bereitwillig und aufgeschlossen zuhört – ist wichtiger und befriedigender, als recht zu haben.

Ich kann warten, bis ich an der Reihe bin.

Ich ging hinter meinen Angestellten her und stellte die Bücher wieder ordentlich in die Regale. Einmal übernachtete ich im Schlafsack im Lagerraum.

Eine Buchhändlerin

Wir können einfach nicht loslassen! Statt andere Menschen ihre Arbeit verrichten zu lassen, behalten wir ständig noch die Oberaufsicht – machen die Arbeit noch mal oder schlagen vor, wie man sie sogar noch besser machen könnte.

Unser Perfektionismus verhindert, daß wir anderen Menschen wirksam helfen, sich zu entwickeln. Das ist der Unterschied zwischen Managen und Führen: Managen heißt die Arbeit vorantreiben, bis sie fertig ist, auch wenn es bedeutet, anderen auf die Zehen zu treten. Führen bedeutet aus anderen das Beste herausholen.

Ich werde der Versuchung widerstehen, immer den Boß zu spielen.

Eines der Symptome, daß man auf einen Nervenzusammenbruch zusteuert, ist der Glaube, daß die eigene Arbeit schrecklich wichtig ist.

Bertrand Russell

Es ist ein Paradox! Einerseits müssen wir den Wert unserer Arbeit erkennen; andererseits dürfen wir sie nicht zu ernst nehmen.

Die Arbeit unter dem richtigen Blickwinkel zu betrachten läßt uns vernünftig bleiben. Was ich tue, ist von Bedeutung. Jawohl! Wird sich die Welt auch ohne mich weiter drehen? Ebenfalls jawohl.

Angst tritt ein, wenn wir uns selbst unter Druck setzen, um etwas von kolossaler Bedeutung zu schaffen, wenn wir unserer Arbeit zuviel Bedeutung beimessen.

Der Zen-Begriff des «rechten Lebenserwerbs» lehrt uns, unsere Berufung als integralen Bestandteil des Universums zu sehen. Jedermann trägt gleich viel dazu bei. Der Künstler, der Bauer, der Kaufmann, der Lehrer, jeder gibt etwas Wichtiges.

Meine Arbeit ist einen Nervenzusammenbruch nicht wert.

Zeige dich der Welt so, wie du bist, nicht wie du glaubst, daß du sein solltest, denn früher oder später, falls du nur eine Pose einnimmst, wirst du die Pose vergessen – und wo bist du dann?

Fanny Brice

In unserer Unsicherheit schaffen wir uns eine Fassade, eine sorgfältig entworfene Maske, die unser wahres Ich verbirgt.

Nach einer Weile vergessen wir, wer wir wirklich sind. Wir glauben an unsere eigene Darstellung, glauben an die Version der Wirklichkeit, die wir der Welt vormachen.

Unser echtes Selbst wiederzuerlangen bedeutet, daß wir die künstlichen Schichten, die unsere Furcht zudecken, abtragen müssen. Was werden wir sehen, wenn wir die Maske abnehmen? Wie werden die anderen darauf reagieren?

In einem mutigen Augenblick betrachten Sie sich im Spiegel! Sehen Sie sich tief in die Augen und sagen Sie:

Ich bin ich. Das ist alles, was ich sein muß.

So wenig Zeit, so wenig zu tun.

Oscar Levant

Zuerst stoßen wir einen tiefen, langen Seufzer aus. Dann folgt ein Lachen.

Welch schöne Verdrehung unserer üblichen Denkungsart! Hier macht man sich über uns lustig: Es gibt eine Menge Zeit, und trotz unserer normalen hektischen Betriebsamkeit gibt es nicht so viel zu tun, wie wir meinen.

Zeit ist etwas Relatives. Fünfundvierzig Minuten, die wir an einem Sonntag nachmittag für uns haben, vergehen wie im Fluge. Fünfundvierzig Minuten auf der Startbahn, während wir auf die Behebung eines Maschinenschadens warten, erscheinen uns wie eine Ewigkeit.

An uns liegt es, das Beste aus unserer Zeit zu machen. Und nicht mehr so zu leben, als ob die Stoppuhr liefe.

Es wird alles erledigt werden.

Ich wäre gerne in der Lage, ohne einen vollen Terminkalender zu leben. Ich wäre gerne in der Lage, ein Buch zu lesen, ohne Schuldgefühle zu haben, oder in ein Konzert zu gehen, wann ich möchte…

Golda Meir

Wir sehnen uns danach, Zeit für Müßiggang zu haben, uns den Luxus eines faulen Nachmittags zu leisten, den wir mit Lesen und Träumen verbringen.

Statt dessen werden auch die Erholungspausen zwischen andere Verabredungen gezwängt. Immer kommen wir gerade von irgendwoher und sind auf dem Wege irgendwohin.

Wenn es einen Geschenkgutschein für unentbehrliche Frauen gäbe, müßte darauf stehen: Vier Stunden ungestörte Zeit. Fang damit an, was du möchtest.

Ich bin selber für meinen Kalender verantwortlich. Es liegt nur an mir, auch Zeiten frei zu lassen.

Für jeden, der einsam oder unglücklich ist oder in Sorge, ist das beste Mittel, hinauszugehen, irgendwohin, wo er allein ist, allein mit dem Himmel, mit der Natur und Gott.

Anne Frank

Ich sitze zwischen Gefängnismauern fest, die ich mir selbst geschaffen habe – Termine, geschäftliche Telefonanrufe, unaufschiebbarer Hausputz –, und ich vergesse darüber, daß sich frische Luft und blühende Apfelbäume direkt vor meiner Haustür befinden.

Nichts beruhigt mich so sehr, als wenn ich auf der anderen Straßenseite am Rande eines atemberaubend schönen Sumpfes stehe. Es ist, als befinde man sich in einem wundervollen, von Gott selbst gemalten Bild.

Meine Ängste zerstreuen sich, wenn ich mit den Füßen fest auf dem Boden stehe und mein Blick auf den Horizont geheftet ist. Ich atme tief, blicke dankbar um mich und kehre zurück zu meiner Arbeit.

Das Schöne liegt so nah – gleich vor meiner Haustür.

Und sie bewegt sich doch!

Galileo Galilei

Dies sollen die letzten Worte des berühmten Astronomen gewesen sein.

So oft zweifeln wir an unserer eigenen Wahrnehmung. Wir sind sicher, daß etwas schwarz ist, doch wenn alle anderen Weiß sehen, reiben wir uns die Augen oder lassen unsere Brille ändern, um uns der Meinung der Mehrheit anzuschließen.

Wir glauben, daß Unentbehrlichkeit darauf beruht, mit jedermann einer Meinung zu sein; daß wir uns bei anderen für immer beliebt machen, wenn wir ihren Standpunkt unterstützen.

Das ist aber nicht so. Das zu sehen, was wir sehen, und zu sagen, was es ist – auch wenn es umstritten ist –, verschafft uns weit größeren Respekt.

Ich vertraue mir selbst.

Jeder von uns ist im Grunde für sich allein – eine Realität, mit der die meisten Leute sich täglich auseinandersetzen und die sie nur sehr schwer akzeptieren.

Ellen Sue Stern

Wir kämpfen gegen dieses Alleinsein, indem wir uns mit Menschen umgeben, die von uns abhängig sind. Beziehungen – die wir herstellen, indem wir uns unentbehrlich machen – mildern den Schrecken der Einsamkeit.

Was aber geschieht, wenn die Menschen um uns herum uns nicht so nötig haben? Wenn es Freunden gutgeht und unsere Kinder zunehmend selbständig werden?

Es ist schön, gebraucht zu werden, aber es ist noch schöner, zu wissen, daß unsere Freunde und Kinder unsere Gesellschaft suchen, weil sie uns lieben, nicht weil sie ohne uns nicht leben können.

Wenn ich mit mir selber zusammen bin, dann bin ich nicht allein.

Widerspreche ich mir selber? Nun gut, dann widerspreche ich mir eben. Ich bin groß. Ich enthalte vieles.

Walt Whitman

Unentbehrliche Frauen fühlen sich bei Widersprüchen nicht wohl. Unbeständigkeit verwirrt; wir brauchen eine objektive Realität, Marksteine, damit wir genau wissen, wo wir stehen.

Doch nichts steht still. Entwicklung und Veränderung beruhen auf der Anerkennung der Widersprüche. Das ist unbequem, aber es macht das Leben auch interessant.

So wie wir uns entwickeln und verändern, werden wir auch immer komplexer und vitaler. An einem Tag sind wir sicher, wer wir sind; am nächsten Tag entdecken wir ganz neue Schichten, die zum Vorschein kommen.

Ich habe viele verschiedene Seiten.

Es stimmt nicht, daß das Leben ein Mist nach dem anderen ist – es ist derselbe, sich ständig wiederholende Mist.

Edna St. Vincent Millay

Wir machen immer wieder dieselben Fehler, bis wir es eines Tages richtig machen. Jedesmal kommen wir ein Stück weiter, werden wir uns ein bißchen mehr bewußt, wer wir sind und warum wir etwas tun.

Es ist frustrierend, immer wieder über dasselbe Feld zu stapfen, immer wieder zu stolpern. Manchmal fragen wir uns, ob wir überhaupt irgendwohin gelangen.

Das nächstemal, wenn Sie wieder auf ein immer wiederkehrendes Muster stoßen – ein altbekannter Anfall von Angst, derselbe ewig gleiche Krach mit Ihrer Mutter –, beachten Sie doch einmal, wieviel schneller Sie erkennen, was vor sich geht. Und beachten Sie, wie rasch Sie darüber hinwegkommen.

Ich mache Fortschritte.

Die «Vakuum-Frau» saugt automatisch auf, was immer ihr in den Weg kommt. Ihre Arbeitslast vergrößert sich und umfaßt all das, was sonst niemand übernommen hat.

Ellen Sue Stern

Statt kritisch zu unterscheiden – zu einigen Dingen ja zu sagen und zu anderen nein –, machen wir einfach das, was direkt vor unserer Nase ist. Wir kämpfen uns durchs Haus, sammeln die Socken und die Unterwäsche vom Vortag ein, statt sie liegen zu lassen, damit die Kinder sie selber in den Wäschepuff tun. Wenn das Telefon läutet, nehmen wir es ab und reden, selbst wenn es eine Freundin ist, die uns mitten beim Essen anruft.

Manchmal müssen wir das Vakuum abschalten, auch wenn die unfertigen Arbeiten überall verstreut herumliegen. Das ist eine gute Übung, um sich dreinzuschicken und zu sich zu sagen:

Der Rest kann warten.

JULI

Schließlich, morgen ist auch ein Tag.

Scarlett O'Hara in «Vom Winde verweht»

Wir bekommen immer wieder eine zweite Chance. Wir machen Fortschritte *und* wir machen Fehler, die wertvoll sind, wenn wir aus ihnen lernen und sie uns weiterbringen.

Ein junger Manager wurde bei einer multinationalen Gesellschaft eingestellt, um während zwei Jahren den Aufbau einer neuen Abteilung zu leiten. Das Vorhaben mißlang, und der entmutigte Manager ging zu seinem Vorgesetzten, um zu kündigen. «Kommt nicht in Frage» war die Antwort, «nachdem wir zwei Jahre und drei Millionen Dollar investiert haben, um Sie einzuarbeiten.»

Fehler (die hoffentlich nicht alle drei Millionen kosten) sind erlaubt. Wir erreichen das gesteckte Ziel nicht und fallen zurück in alte Verhaltensmuster; aber wir brauchen nicht in Schuldgefühlen und Beschuldigungen steckenzubleiben.

Der morgige Tag bringt die Aufforderung, uns erneut unsere Gesundung fest vorzunehmen.

Ich habe eine Menge Chancen.

Punkt 17 meiner Liste: Gary eine Notiz hinterlassen, daß er seine Mutter anrufen soll. Gary eine Notiz hinterlassen, daß er die erste Notiz lesen soll.

Ellen Sue Stern

Es ist zutiefst entwürdigend, seine Lebensgefährten wie Schwachköpfe zu behandeln.

Wir bevormunden sie wie minderjährige Kinder und wundern uns dann, wenn sie sich wie große Babys benehmen.

Wir müssen damit aufhören, immer den Ton anzugeben. Beginnen wir mit Kleinigkeiten: Gehen Sie aus dem Zimmer, wenn er seine Wäsche in den Schrank einräumt oder dem Babysitter Anweisungen gibt. Sagen Sie ihm nicht, wie er etwas machen soll, und kritisieren Sie auch nicht das Resultat. Halten Sie sich daran!

Ich bin nicht seine Mutter.

Wenn ich manchen Leuten zu stark bin, so ist das deren Problem.

Glenda Jackson

Mag sein, daß es zutrifft, aber wir empfinden es eher als *unser* Problem. Wenn andere sich zurückziehen, sich von unserer Stärke bedroht fühlen, sind wir es, die am Ende verletzt und allein zurückbleiben.

Es ist eine schwierige Situation. Wir dürfen uns selber nicht zu sehr «verwässern», damit wir für andere genießbar werden; wir müssen uns aber auch davor hüten, eine Leuchtschrift auf uns zu tragen, die verkündet: BLEIBT MIR VOM LEIBE! ICH BIN SO STARK, DASS ICH NIEMANDEN BRAUCHE.

Wir sind stark. Wir sind sanft. Beides sind unsere Stärken.

Ich bin stark genug, um sanft sein zu können.

Es besteht kein Mangel an guten Tagen. Es sind die guten Leben, die man nur schwer findet.

Annie Dillard

Wie fühlen Sie sich am Ende des Tages? Schlafen Sie ein mit dem schönen, befriedigenden Gefühl, einen weiteren Tag sinnvoll gelebt und genutzt zu haben?

Sich für Dinge zu entscheiden, die dem Leben einen Sinn geben – ein Leben, das widerspiegelt, wer wir wirklich sind, ein Leben, auf das wir stolz sein dürfen –, ist ein ständiges und bewußtes Bemühen.

Jeden Tag treffen wir Entscheidungen, die alle zusammengenommen ein Leben ausmachen. Ich habe mich entschieden zu schreiben, weil es für mich wichtig ist, mich auszudrücken. Ich habe mich entschieden, mit meinen Kindern zu spielen, weil es mir etwas bedeutet, ihre Mutter zu sein.

Mit Vorbedacht gefaßte Entschlüsse machen aus guten Tagen ein gutes Leben.

Ich gestalte mein Leben selber.

Das Leben mit einem Heiligen ist noch aufreibender, als selbst einer zu sein.

Robert Neville

Die Ironie des Schicksals ist, daß unentbehrliche Frauen nach Heiligkeit trachten, um sich ihren Platz in der Welt zu sichern. Aber diese Strategie schlägt fehl. Unter lauter gewöhnlichen Sterblichen ist unsere Güte eher zermürbend als göttlich.

Unsere Menschlichkeit ist es, die uns liebenswert macht – und erträglich.

Wer kann schon mit einer Heiligen leben?

Wenn dir etwas nicht auf Anhieb gelingt, lies die Gebrauchsanweisung!

Anonym

Wir meinen, alles müsse ein Kinderspiel sein; wir müßten eine gestellte Aufgabe sofort verstehen und richtig lösen können, ohne die Anleitung zu lesen.

Anleitungen gibt es aber aus gutem Grund. Ob es sich nun um Tips einer guten Freundin handelt oder um die Beschreibung, wie ein Do-it-yourself-Möbelstück schrittweise zusammenzusetzen ist – richten Sie sich danach!

Gebrauchsanweisungen sind eine echte Hilfe und beruhen im allgemeinen auf praktischen Erfahrungen. Sie helfen uns, mit dem geringsten Kraftaufwand das beste Ergebnis zu erzielen. Warum sollten wir also das Rad neu erfinden?

Ich werde die Gebrauchsanweisung nicht einfach wegwerfen.

Leben ist das, was passiert, wenn man eigentlich etwas anderes vorhat.

John Lennon

Ich sehe im Geiste John Lennon vor mir, der vor seinem Apartmenthaus stehenbleibt, um sein letztes, verhängnisvolles Autogramm zu geben.

Die Worte und die Musik des mit vierzig Jahren Verstorbenen sind im Bewußtsein von Millionen eingraviert. Ein Song erklingt im Radio und erinnert uns daran, wie vergänglich das Leben ist. Wenn wir unsere Tage damit zubringen, Pläne zu machen, wird das Leben möglicherweise an uns vorübergehen.

Wie hätte John Lennon wohl die letzten Stunden seines Lebens verbracht, wenn er sie hätte planen können? Wie würden Sie die Ihren verbringen wollen?

Das Leben findet jetzt, in diesem Augenblick statt.

Die Inspiration schlägt nicht ein wie ein Blitz; sie ist auch keine zielgerichtete Bewegungsenergie, sondern ein langsamer, ruhiger und ununterbrochener Vorgang …

Brenda Euland

Als ich mein erstes Buch schrieb, fragte ich eine Schriftstellerkollegin: «Woran merkst du, ob du mit der Arbeit aufhörst, um neue Kraft zu sammeln, oder ob du aufgibst, weil du den ganzen verdammten Mist satt hast?»

Sie sagte, es sei eine Frage der Intuition, etwas, das man lerne, das einem aber nicht beigebracht werden könne.

Im Laufe der Jahre habe ich gelernt, die Anzeichen zu erkennen. Wenn ein Termin droht und ich mich zwinge, etwas zu schreiben, habe ich am Ende die Abdrücke meiner Fingernägel auf den Handflächen. Das bedeutet: Hör auf! Es ist Zeit, ein Schläfchen zu machen oder mit einer Freundin zu Mittag zu essen. Der Arbeit einfach auszuweichen ist andererseits ein Zeichen von Angst. Wenn ich Angst habe, wird es Zeit, die Arbeit langsam und beharrlich zu Ende zu bringen.

Es wird schon gehen.

Ich habe Drillinge geboren, drei eineiige Mädchen. Ich habe darauf bestanden, alle drei zu stillen. Vor ein paar Monaten ist die Kleinste gestorben. Ich war so versessen darauf, eine unentbehrliche Mutter zu sein, daß ich mein Kind nie wirklich kennenlernte.

Kursteilnehmerin

Es geschieht mit den allerbesten Absichten, daß wir uns unentbehrlich machen. Aus Liebe und Besorgnis. Aus der Verpflichtung, die beste Mutter, die beste Tochter, die beste Freundin auf der Welt zu sein.

Doch die besten Absichten geben uns unsere Gesundheit nicht zurück. Auch nicht die Menschen, die wir nie richtig kennenlernen konnten, weil wir den Unterschied zwischen Lieben und Loslassen nicht erkannten.

Wir zahlten dafür einen hohen Preis.

Es tut mir leid.

Wenn ich nicht zu malen begonnen hätte, dann hätte ich Hühner gezüchtet.

Grandma Moses

Es ist beruhigend, zu wissen, daß wir eine freie Wahl haben. Daß wir nicht gezwungen sind, eine ganz bestimmte Sache zu machen, selbst wenn wir uns besonders gut darauf verstehen.

Das Wissen, daß wir unter vielen Möglichkeiten wählen können, gibt uns ein befreiendes Gefühl, so daß wir das, was wir machen, mit mehr Gelassenheit tun können. Jeden Tag wägen wir aufs neue ab. Wenn unsere Wahl immer noch richtig ist – auch morgen und übermorgen –, dann ist es gut. Wenn nicht, können wir segeln gehen, Hühner züchten oder eben malen.

Solange wir nichts versuchen, wissen wir nicht, wozu wir fähig sind. Oder was uns glücklich machen würde.

Es gibt viele Wege, die wir einschlagen können.

Wir hören nicht auf zu spielen, weil wir alt werden, sondern wir werden alt, weil wir zu spielen aufhören.

Anonym

Als meine Tochter drei Monate alt war, fuhren ihr Vater und ich in die Ferien und überließen das Baby zehn Tage lang meinen Schwiegereltern, die schon einiges über Siebzig waren. Bei unserer Rückkehr erwarteten wir, sie ihrerseits abgespannt und ferienreif vorzufinden.

Doch siehe da, als wir ins Haus traten, saßen sie mit gekreuzten Beinen auf dem Küchenfußboden, lachten und spielten mit der Kleinen, als ob sie dreißig Jahre jünger wären. Allem Anschein nach hatten sie aus dem Jungbrunnen getrunken.

Ich bin jung genug, um zu spielen.

Ich freue mich schon aufs Ältersein, wenn es keine so große Rolle mehr spielt, wie man aussieht, sondern es darauf ankommt, wie man ist.

Susan Sarandon

Bei meinem letzten Klassentreffen fiel mir auf, wieviel mehr Selbstvertrauen die Frauen zu haben schienen als damals, als wir siebzehn oder achtzehn Jahre alt waren. Kaum eine drehte an ihren Locken, zupfte an ihrem Rock oder machte entschuldigende Bemerkungen, weil sie zugenommen oder irgendwo einen Pickel hatte. Nach zwanzig Jahren schienen meine ehemaligen Klassenkameradinnen sich sichtlich wohler zu fühlen.

Dasselbe habe ich bei meinen Reisen durchs Land festgestellt. Ich begegne älteren Frauen, die nicht mehr so viel Gewicht auf ihre äußere Erscheinung legen und sich dafür mehr ihrer Persönlichkeit bewußt sind. Vielleicht beginnen wir mit zunehmendem Alter, unsere innere Schönheit nach außen zu kehren.

Ich werde mit jedem Tag besser.

Wenn ein paar lustvolle, erotische Träumereien helfen, die Hausarbeit «wie im Traum» zu erledigen, warum nicht?

Nancy Friday

Als junge Mädchen sahen wir die Werbespots im Fernsehen, die die Hausarbeit verherrlichten: Frauen, die glücklich summend und anscheinend mit geradezu orgiastischen Gefühlen die Toilette schrubbten.

Dann entdeckten wir die Wahrheit. Das Putzen von WCs ist wirklich das Letzte. Es hat nichts Glanzvolles, vor allem dann nicht, wenn wir nach einem langen Arbeitstag noch um Mitternacht dabei auf den Knien liegen.

Wenn Sie Hausarbeit hassen, setzen Sie alles daran, sie so gut wie möglich hinter sich zu bringen. Stellen Sie sich Musik im Radio an und tanzen Sie dazu, während Sie staubsaugen. Laden Sie eine Freundin ein, um ein Glas Wein (oder Mineralwasser) mit Ihnen zu trinken, während Sie den Kühlschrank saubermachen. Teilen Sie sich die Arbeit mit anderen Mitgliedern Ihres Haushalts.

Seien Sie erfinderisch! Es hilft, daß die Arbeit schneller vorbeigeht.

Es ist ganz in Ordnung, Hausarbeit nicht schön zu finden.

Ich versuche, in meinem Leben mein Gefühl für Rituale auszuleben ... durch meine Kraft zu träumen, mich durch Überschwang vom Realismus zu entfernen.

Anaïs Nin

Unentbehrliche Frauen sind in der wirklichen Welt verankert, wo das Verantwortungsgefühl regiert.

Zum Ausgleich brauchen wir Träume, Gebete und Rituale – was immer uns erhebt, uns hilft, über den täglichen Trott hinwegzukommen.

«Wenn mein Leben noch wirklicher wird, bringe ich mich um», sagt eine Unentbehrliche. Was sie damit meint, ist: Ich bin es leid, die ganze Zeit so erwachsen sein zu müssen.

Ich rate ihr, sich lange Spaziergänge zu gönnen, sich Zeit zu nehmen für den Gottesdienst, sich Gedanken zu machen über den Sinn ihres Lebens.

Geistige Nahrung nährt das Herz.

Sei vorsichtig, worum du Gott bittest.

Anonym

Das war immer einer meiner liebsten Aussprüche. Mir gefällt die Andeutung, daß das, von dem wir meinen, es entspreche unseren Wünschen, nicht immer das ist, was uns glücklich macht.

Ich betete um Erfolg, und nun habe ich viel zuviel Arbeit. Ich betete um eine Lösung meiner Eheprobleme, und die Lösung zwang mich zu handeln.

Jetzt bete ich um den Mut, daß ich mit dem umgehen kann, was mir gegeben wurde.

Ich bin darauf vorbereitet, daß meine Gebete erhört werden.

Wünschen Sie, daß andere Leute sich etwas schneller bewegen würden?

Ellen Sue Stern

Im Verkehrsgewühl kann man eine Unentbehrliche sofort erkennen. Sie ist diejenige, die den Motor auf Touren bringt und mit den Fingern nervös aufs Armaturenbrett trommelt.

Wir sind immer in Eile, und wir treiben andere zur Eile an. Wir ermahnen unsere Kinder, nicht zu trödeln; wir können kaum unsere Gereiztheit verstecken, wenn Mitarbeiter ein paar Augenblicke grübeln, ehe sie unsere Frage beantworten.

Wenn jeder sich nur ein bißchen schneller bewegen würde, wäre die Welt besser dran. Natürlich gäbe es auch mehr verbeulte Kotflügel, mehr gehetzte Kinder, mehr Fehler bei der Arbeit …

Schneller ist nicht immer besser.

Wir lagen auf der Wiese und baumelten mit der Seele.
Kurt Tucholsky

Eine Freundin, die ich heute, an ihrem Geburtstag, zum Mittagessen ins Restaurant einlud, sagte mir, der Inbegriff eines perfekten Tages bestehe für sie darin, das Baby ihrem Mann anzuvertrauen, im Bett Zeitung zu lesen und einige Stunden nur das zu tun, was ihr Herz begehrt.

Jede Frau braucht – und verdient – wenigstens einen Tag im Jahr, den sie ganz für sich selbst hat. Einen Tag, an dem sie ihre eigene Stimme hören kann, ohne zuerst die schreienden Kinder um einen Augenblick Ruhe bitten zu müssen. Einen Tag, an dem sie zufrieden trödeln und einfach zur Tür hinausgehen und sich frei fühlen kann, einzig und allein an ihr eigenes Vergnügen zu denken.

Für sich allein zu sein, sich einen Tag freizunehmen und sich nicht nur um andere kümmern zu müssen ist nicht selbstsüchtig. Es ist notwendige Eigenliebe.

Jetzt bin ich an der Reihe.

Beliebt zu sein ist wichtig. Sonst mögen einen die Leute vielleicht nicht.

Mimi Pond

Mir gefällt dieser Ausspruch sehr. Er gibt mir das Gefühl, ich sei wieder fünfzehn Jahre alt, voller Wünsche und unsicher, und probierte zwanzig Kleider aus, um mich für eine Party anzuziehen.

Wir wollen unbedingt, daß man uns gerne hat. Für unentbehrliche Frauen ist Beliebtheit ein eigentliches Kapital. Sie garantiert uns, daß wir immer jemanden haben, zu dem wir gehen können, wenn uns nicht nach Alleinsein zumute ist.

Und das ist alles schön und gut, solange wir unsere Selbstachtung nicht vom Grad unserer Beliebtheit abhängig machen. Solange wir in den Spiegel schauen können und uns das, was wir sehen, gefällt.

Es ist schön, anderen zu gefallen. Es ist besser, sich selber zu gefallen.

Tun ist Sein.

Sokrates

Wir werden verwirrt und glauben, das, was wir tun, entspreche dem, wer wir sind: Hausfrau, Mutter, Berufstätige, Freundin usw.

Wir existieren aber nicht aufgrund unserer Leistungen, sondern unsere Leistungen existieren aufgrund dessen, wer wir sind. Aufgrund unserer Wertvorstellungen, unseres Geistes, unserer Individualität.

Wenn wir unsere Identität durch unseren Erfolg definieren, begrenzen und verkleinern wir uns selber. In Wirklichkeit ist das, was wir tun, nur ein kleiner Teil dessen, wer wir sind.

Ich bin, noch ehe ich irgend etwas tue.

Sein ist Tun.

Plato

Wir werden verwirrt und glauben, das, was wir sind, entspreche dem, was wir tun, oder vielmehr dem, was wir zuletzt geleistet haben.

Nein! Nein! Nein! Das Dasein ist sehr viel mehr als nur Tätigsein. Schweigend am Ufer eines Flusses zu sitzen oder an einem heißen Sommertag ein Fruchteis zu genießen gehört ebenso zum Leben wie alles andere.

Einfach nur sein zu können, ohne irgend etwas beweisen zu müssen, gibt schon mehr als genug zu tun.

Ich brauche nichts zu tun, um zu sein.

Ich betrachte die Art und Weise, wie wir in unserem Haus den Platz aufgeteilt haben. Mein Mann hat einen kleinen Bereich, der als sein eigener gilt. Ich habe keinen Platz, der nur mir gehört. Es ist, als ob ich überall und nirgends existiere.

Ellen Sue Stern

Unentbehrliche Frauen gibt es überall. Wir machen unseren Partnern, unseren Kindern und unseren Freunden das Leben so angenehm wie möglich. Doch wir vergessen darob, uns selbst «ein Zimmer für uns allein» zu sichern, wie Virginia Woolf es so treffend genannt hat.

Wir müssen uns Zeit und Raum für uns selbst regelrecht «heraushauen»: eine Spanne Zeit, ohne Unterbrechung, in der absolut niemand irgend etwas von uns verlangen darf; einen Winkel, den wir beanspruchen, um dort genau das zu tun, wonach uns der Sinn steht.

Es ist zwingend, daß wir unsere Eigenständigkeit spüren. Und wissen, daß wir nicht unsichtbar sind.

Ich existiere auch noch neben allen anderen.

Wirklich frei ist die Frau, die es versteht, eine Einladung zum Abendessen auszuschlagen, ohne eine Ausrede zu erfinden.

Anonym

Während ich noch über diese Aussage nachdachte, läutete mein Telefon. Am anderen Ende war ein Mann, den ich erst kürzlich kennengelernt hatte, der mich zum Abendessen einlud. Ich wollte nicht mit ihm ausgehen. Ich hatte weder Lust auf ein Rendezvous, noch fand ich ihn besonders anziehend.

Also sagte ich zu. Es fiel mir kein guter Grund ein, um ihn abzuweisen.

Was ist das Schlimmste, das passieren kann, wenn wir ablehnen? Verletzen wir irgend jemanden? Wird man uns nicht wieder einladen? Werden früher oder später *alle* aufhören, uns einzuladen?

Wir sind nicht verpflichtet, irgendwohin zu gehen, wo wir nicht sein möchten. Also nehme ich den Telefonhörer auf. Ich werde ganz einfach sagen: «Nein, danke.»

Ich bin niemandem eine Erklärung schuldig.

Wie steht es denn mit den Männern? Sind sie nicht unentbehrlich?

Kursteilnehmerin

Ich bin ein paar Männern begegnet, die sich unentbehrlich gemacht haben. Workaholics? Ja. Perfektionisten? Vielleicht auf gewissen Gebieten ihres Lebens.

Doch Männer unterscheiden sich im allgemeinen in zwei wichtigen Belangen von den Frauen. 1. Sie definieren sich selbst durch viel weniger Rollen (Ehemann, Vater, Arbeiter, Golfspieler…), und sie haben eine klarere Vorstellung von ihren Zielen und Prioritäten. 2. Männer sind nicht so besorgt um das Wohl anderer wie Frauen. Sie fühlen sich sehr viel weniger verantwortlich für die Gefühle und Bedürfnisse anderer.

Im Extremfall sind Frauen übertrieben fürsorglich, während Männer übertrieben unbeteiligt sind. Das Ideal liegt irgendwo dazwischen.

Wir können voneinander lernen.

Glück ist eine Gewohnheit. Pflege sie!

Elbert Hubbard

Unentbehrlichkeit kann leicht zur Gewohnheit werden. Wir arbeiten hart daran – jeden Tag.

Dennoch erwarten wir, daß das Glück uns einfach in den Schoß fällt (oder auch nicht), je nach unserer Gemütsverfassung. Wir halten es für ein Nebenprodukt unseres Lebens statt für einen vorhersehbaren Teil.

Wie alles andere auch, bedarf es zum Glücklichsein einer Anstrengung. Oder zumindest des Glaubens an seine Möglichkeit. Es liegt in unserer Macht, uns Glück zu schaffen, es zu pflegen und uns darauf zu verlassen.

Heute will ich darauf achten, wenigstens eine Sache zu tun, die mich glücklich macht.

Kompromittiere dich nicht. Du hast nur dich selber.

Janis Joplin

Wenn wir uns kompromittieren – indem wir Entscheidungen ausweichen, kapitulieren oder nicht für das kämpfen, woran wir glauben –, bricht ein kleines Stück von uns zusammen. Wir sind auf einem verhängnisvollen Weg: Zuerst geben wir in kleinen Dingen nach, und über kurz oder lang haben wir keinerlei Mitspracherecht mehr.

Einen Kompromiß schließen und sich kompromittieren sind zwei verschiedene Dinge. Das eine bedeutet, daß wir uns selber ehren, das andere, daß wir uns selbst im Stich lassen.

Ich werde dafür sorgen, daß ich selber unversehrt bleibe.

Manchmal frage ich mich, ob Männer und Frauen wirklich zusammenpassen. Vielleicht sollten sie lieber als Nachbarn leben und sich ab und zu besuchen.

Katharine Hepburn

Das frage ich mich auch. Manchmal scheint es wirklich, als ob wir zwei einander fremde Arten seien, die dringend einen Dolmetscher brauchten.

Die Buchautorin und Linguistin Deborah Tannen weist darauf hin, wie verschieden Frauen und Männer sich verständigen. Unentbehrliche Frauen sind rasch frustriert, weil es so schwer ist, den Code zu entziffern.

Die Sprachbarriere zu überbrücken verlangt Geduld und Anstrengung. Wir hören besser, wenn wir aufhören zu reden – wenn wir zuhören.

Wenn ich frustriert bin, ist es besser, einfach innezuhalten und still zu sein.

Was mich nicht umbringt, macht mich stärker.

Friedrich Nietzsche

Die schwierigsten Lektionen sind die besten Lehrmeister.

Familiennarben, verlorene Lieben, berufliche Rückschläge und Lebenskrisen zwingen uns, unsere tiefsten Quellen von Mut und Kraft anzuzapfen.

Wenn wir mit Schwierigkeiten im Leben konfrontiert werden, haben wir die Wahl: entweder kampfbereit und verbittert zu werden oder unsere ganze Kraft zusammenzunehmen und neue geistige Tiefe und Stärke zu finden.

Ich heiße jede Erfahrung gut, weil ich daran wachsen kann.

AUGUST

Eil dich nicht. Sorge dich nicht. Du bist nur zu einem kurzen Besuch hier.

Anonym

Wir begeben uns an exotische Orte – mit erhöhter Aufmerksamkeit und mit aufnahmebereiten Sinnen für die Anblicke, Geräusche und Gerüche.

Wie wäre es, wenn wir unser tägliches Leben auf dieselbe Art führen würden? Wenn wir jeden Morgen erwachten wie Besucher in einem fremden Land, begierig nach Entdeckungen?

Unsere Zeit hier ist so kurz bemessen. Wir nutzen sie am besten, wenn wir mit Abenteuerlust unterwegs sind.

Das Leben ist eine großartige Reise.

Wir sehen die Dinge nicht so, wie sie sind. Wir sehen sie so, wie wir *sind.*

Anaïs Nin

Wir glauben, die Dinge auf eine Weise zu sehen, die der Wirklichkeit entspricht, während de facto unsere Wahrnehmung in höchstem Maße subjektiv ist – verzerrt durch die dicken Linsen unserer Lebenserfahrung.

Wir sind von Natur aus kurzsichtig, weil wir die Welt nur aus unserem eigenen Blickwinkel sehen. Wir hängen an dem vertrauten Bild der Wirklichkeit und haben Mühe, uns auf eine andere Sichtweise einzustellen.

Eine wirklich klare Sicht verlangt, daß wir die Dinge auch durch die Augen anderer sehen.

Meine Sicht der Dinge ist klar.

Frage: Wie viele unentbehrliche Frauen sind nötig, um eine Glühbirne auszuwechseln?

Antwort: Drei. Eine, die genaue Anweisungen schriftlich erteilt. Eine, die die Birne auswechselt. Eine, die kontrolliert, ob es auch richtig gemacht wurde.

Ellen Sue Stern

Wie kompliziert ist so etwas eigentlich?

Wir gehen an jede Aufgabe mit dem gleichen Eifer heran, selbst wenn es sich um etwas so Einfaches handelt wie das Auswechseln einer Glühbirne.

Nicht alles verdient eine solche, bis ins kleinste gehende Aufmerksamkeit. Wir wollen unsere Energie lieber für große Dinge aufsparen. Wie viele unentbehrliche Frauen sind also nötig, um eine Glühbirne auszuwechseln? Eine! Und es dauert bloß eine Minute.

Ich kann meinen Arbeitsaufwand richtig bemessen.

Ich hasse Frauen, weil sie immer wissen, wo die Sachen sind.

James Thurber

Unentbehrliche Frauen würden ihm erst recht auf die Nerven gehen. Selbst wenn wir unseren Schlüsselbund nicht finden können, strahlen wir noch Kompetenz aus. Wir haben ein System. Zu wissen, wo Sachen sich befinden – auch wenn sie nicht dort sind, wo sie eigentlich sein sollten –, ist die Art der unentbehrlichen Frauen, einer Situation gewachsen zu sein und mit allen Kleinigkeiten fertig zu werden.

Mein Mann wird wütend, wenn er eine Dreiviertelstunde lang verzweifelt nach dem Bibliotheksbuch unseres Sohns gesucht hat und ich dann gelassen den Arm ausstrecke und es mit einem Griff oben vom Kühlschrank herunterhole.

Organisation ist eine Hilfe, solange sie das Leben erleichtert.

Alles findet sich irgendwann mal wieder.

Das, was vor uns und hinter uns liegt, ist winzig klein im Vergleich zu dem, was in uns liegt.

Henry David Thoreau

Unentbehrliche Frauen suchen außerhalb ihrer selbst Erfüllung. Bei der Suche nach einem Sinn gehen wir auf in Arbeit, in der Pflege von Beziehungen und sonstigen Aktivitäten.

Während wir so an allen Ecken und Enden im Äußeren etwas zu bewirken suchen, versäumen wir es, in uns hineinzuschauen. Wir vergessen die Goldader an Liebe, Weisheit und Kreativität zu nutzen, die wir von Natur aus besitzen.

Hier ist eine Übung, um die innere Quelle anzuzapfen: Schließen Sie die Augen. Seien Sie ganz still. Stellen Sie sich vor, Sie seien eine Muschel. Jetzt ein Meer. Jetzt ein Universum.

Ich bin eine Welt für mich.

Vielleicht werden wir uns eines Tages sogar hieran gerne erinnern.

Vergil

Vieles, womit wir uns abgeben müssen, ist schwierig. Krankheit, Geldsorgen, Belastungen in Freundschaft und Liebe werfen ihre Schatten auf unseren Alltag.

Erst im nachhinein erhält das Leiden einen Sinn. Wenn wir zurückblicken, erkennen wir, daß der Charakter sich dadurch festigte, daß wir schwere Zeiten durchmachen mußten und sie überstanden haben.

Hierin liegt die Stärke der unentbehrlichen Frauen: Wir verstehen uns darauf, aus Zitronen Limonade zu machen – denn wir überlassen es der Zeit, die Bitterkeit zu versüßen.

Es gibt für alles einen Grund.

Heiße Schokolade befriedigt tiefere Bedürfnisse.

Susan Isaacs

Ich sitze in der Konditorei, leide wieder einmal unter Termindruck und esse eine doppelte Portion Schwarzwäldertorte.

Wenn wir uns zu sehr zur Arbeit antreiben, sind wir am Ende bloß wütend und müde. Dann besänftigen wir uns selber mit einem «Trostspender», so wie ein Baby nach der Mutterbrust verlangt.

Aber die Wohltat ist nur von kurzer Dauer. Unser versüßtes Hochgefühl verflüchtigt sich, und wir stürzen tief hinab in den Brunnen der Traurigkeit, aus dem wir nur durch Trauern wieder herauskommen, nicht durch Naschen.

Unsere Gefühle deutlich zu spüren entspricht einem tiefen Bedürfnis.

Ist es nötig, Spinoza gelesen zu haben, um eine Wäscheliste aufzustellen?

Jean Detourbey

Rachel, eine meiner Freundinnen, gebraucht gerne großartige Wörter. Wörter, die so lang und kompliziert sind, daß ich sie später im Lexikon nachschlagen muß.

Manchmal bin ich von ihr eingeschüchtert. Wie die meisten Unentbehrlichen fühle auch ich mich schnell herausgefordert. Wenn jemand etwas weiß und ich nicht, komme ich mir vor, als stimme etwas mit mir nicht.

Rachel und ich können tatsächlich eine Menge voneinander lernen. Wenn ich das bedenke, wird es für mich zum Vergnügen, meinen Wortschatz zu erweitern. Ich kann zugleich Lehrer und Schüler sein.

Ich werde mehr, wenn ich mich nicht davor fürchte, weniger zu sein.

Manchmal ist eine Zigarre einfach nur eine Zigarre.
Sigmund Freud

Wir analysieren uns zu Tode, indem wir unsere Psyche einer mikroskopischen Untersuchung unterziehen.

Wir täten gut daran, mit dieser ewigen Selbsterforschung aufzuhören, unser Leben zu leben, ohne ständig unsere Beweggründe in Frage zu stellen, und die Therapie für ernste Probleme aufzusparen.

Nicht alles hat eine tiefere Bedeutung. Wir müssen uns vor der Gefahr hüten, eine Therapie als Krücke zu benutzen, statt selber zu handeln.

Daß ich Probleme zu verarbeiten habe, braucht mich nicht neurotisch zu machen.

Punkt 4 meiner Liste: Die Arbeit von nächster Woche erledigen, um zeitlich nicht in Rückstand zu geraten.

Ellen Sue Stern

Unserer Furcht, nicht rechtzeitig fertig zu werden, begegnen wir dadurch, daß wir die Arbeit weit im voraus machen.

Das ist eindeutig ein Gebiet, auf dem wir uns selber Streß auferlegen. Auch wenn es zeitweilig beruhigt, verschafft uns diese Verschiebung von Terminen nicht wirklich Luft; wir finden nur neue Arbeit, um die gewonnene Zeit zu füllen.

Unser Arbeitstempo braucht nicht von Furcht bestimmt zu werden. Wir brauchen heute nur das zu tun, was heute getan werden muß.

Ich kann mein Tempo verlangsamen und trotzdem rechtzeitig fertig sein.

Möge Gott mich vor meinen Freunden schützen. Mit meinen Feinden werde ich schon selber fertig.

Voltaire

Wir schenken unseren engen Freunden die Welt und verlangen von ihnen dasselbe. Wenn sie uns enttäuschen, zweifeln wir an ihrer Loyalität.

Die Schriftstellerin Anna Quindlen beschreibt es so: «Ich erwarte von meinen Freundinnen, daß sie mich bedingungslos lieben, mich verstehen, wenn ich mich ausweine, und mir auch noch erklären können, warum das Fleischthermometer nicht an den Knochen stoßen darf.»

Statt das Szenario der Superfrau noch zu erweitern, wäre es an der Zeit, daß Frauen sich gegenseitig unterstützten. Das letzte, was wir gebrauchen können, ist Druck von seiten unserer Freunde!

Ich will nachsichtiger sein mit mir und meinen Freundinnen.

Es ist nicht von Bedeutung, wie langsam du gehst, solange du nicht stehenbleibst.

Konfuzius

Versuchen wir einmal, um unser Tempo zu verlangsamen, etwas kleinere Schritte zu machen. Wir können etwas weniger energisch bei der Arbeit sein, zurückhaltender, wenn es darum geht, uns mit anderen Menschen zu treffen, bedächtiger beim Ergreifen der sich uns bietenden Gelegenheiten und beim Treffen wichtiger Entscheidungen.

Genau so sollte es sein. Wir dürfen ruhig unseren Schritt einmal verlangsamen. Solange wir nicht stehenbleiben, besteht kein Grund zur Sorge. Entspannen Sie sich und gehorchen Sie Ihrem inneren Rhythmus.

Ich bewege mich langsam, aber die Richtung stimmt.

Auch das wird vorübergehen.

Shakespeare

Auf dem Höhepunkt einer Krise, in der Hitze des Gefechts verlieren wir jegliche Perspektive. Wir können uns nicht vorstellen, wann und wie die Dinge je wieder normal werden sollen.

Wenn wir genügend Zeit verstreichen lassen, gehen die meisten Krisen vorbei. Inzwischen können wir uns das Leben leichter machen, indem wir uns davor hüten, die Dinge zu dramatisieren, und daran denken, daß auch das heißeste Feuer sich irgendwann selbst verzehrt hat.

Auch das wird vorübergehen.

Das schlimme daran ist, daß du, wenn du nichts riskierst, noch mehr riskierst.

Erica Jong

Wir sind tapfer. Wir haben Mut. Aber unser Perfektionismus läßt uns nicht erproben, wie tief wir in ein Abenteuer eintauchen könnten.

Wir gehen kalkulierte Risiken ein, strecken einen Zeh ins Wasser, um es zu erkunden. Doch hineinzutauchen ist zu gewagt. Die Temperatur muß *genau* richtig sein.

Wenn wir schon an der Oberfläche einhalten, schränken wir den Reichtum der Möglichkeiten ein. Unendlich Schönes liegt auf dem Grund des Meeres.

Ich kann eintauchen, ohne zu ertrinken.

Wenn du einen Freund haben willst, dann laß zu, daß dir jemand einen Gefallen tut.

Benjamin Franklin

Besessen von unserem Drang zur Unentbehrlichkeit, glauben wir, nur dann eine gute Freundin zu sein, wenn wir pausenlos geben. In Wirklichkeit beruht Freundschaft auf Gegenseitigkeit.

Wir müssen lernen, die Gefälligkeiten, die Hilfe und Unterstützung von Freunden anzunehmen, denn damit geben wir ihnen zu verstehen: Ich vertraue dir genug, um dich in mein Leben zu lassen und dir auch meine Verletzlichkeit zu zeigen. Und ich vertraue darauf, daß ich ebenfalls Gelegenheit haben werde, dir einen Gefallen zu tun.

Ich werde nicht zu stolz sein, einen Gefallen von anderen anzunehmen.

Ich lerne noch immer.

Michelangelo

Von der Geburt bis zum Tode lernen wir. Je mehr wir wissen, desto mehr gibt es zu wissen. An keiner Stelle auf diesem Weg sollten wir erwarten, daß wir angekommen sind. Es gibt nichts zu beweisen. Es gibt auch kein Schlußexamen. Unentbehrliche Frauen brauchen kein Hochschulstudium, um viel zu wissen. Ein wirklich aufgeschlossener Geist ist die einzige Voraussetzung.

Heute habe ich dazugelernt.

Springen Sie auf, um das Geschirr zu waschen oder das Telefon abzunehmen, ehe irgend jemand anders dazu Gelegenheit hat? Haben Sie Ihren Freunden Carte blanche gegeben, Sie jederzeit anzurufen, wenn sie Sie brauchen, ohne irgendwelche Vorbehalte?

Ellen Sue Stern

Wir haben uns unser Leben eingerichtet. Jetzt ist die Zeit da, einige Grenzen zu setzen.

Sie dürfen sogar die Spielregeln ändern. Sagen Sie, daß Sie es satt haben, jeden Abend das Geschirr zu spülen.

Versuchen Sie es mit Papptellern. Oder delegieren Sie die Arbeit. Selbst ein Sechsjähriger, dem man es behutsam beigebracht hat, kann einen Teller abwaschen.

Ihre Freunde werden Sie auch dann noch gerne haben, wenn Ihre «Dienstzeit» genau von neun bis fünf Uhr nachmittags dauert. Freunde, die Grenzen nicht respektieren können, sind keine Freunde.

Ich habe mich selber unentbehrlich gemacht. Ich kann es auch wieder rückgängig machen.

Fragen sind immer der Mühe wert. Antworten nicht immer.

Oscar Wilde

Wir möchten die Antworten haben, wenn eigentlich die Fragen viel reizvoller wären.

Antworten zu haben gibt uns ein Gefühl der Sicherheit. Wenn wir drängende Fragen beantworten können – Wer bin ich? Was soll ich mit meinem Leben anfangen? –, verringert sich unsere Ungewißheit.

Doch Antworten sind flüchtig. Sie gleiten uns durch die Finger wie Quecksilber aus einem zerbrochenen Thermometer. Wer bin ich? Ein anderer, als ich gestern war. Was soll ich mit meinem Leben anfangen? Die Bedeutung dieser Frage erhält neue Schattierungen in dem Maße, wie wir neue Schichten in uns selbst freilegen.

Ich habe alle Fragen. Ich brauche nicht auch alle Antworten zu haben.

Ich habe in den letzten zwanzig Jahren pausenlos eine Schlankheitskur gemacht. Ich habe insgesamt 789 Pfund verloren. Demnach müßte ich jetzt ein winziger Anhänger an einem Armband sein.

Erma Bombeck

Voller Eifer machen wir allerlei Diätkuren, leben von Selleriestangen und Wundertränken, und das alles, um schön zu sein. Und sexy. Und begehrenswert. Wir tun es, weil wir uns in unserer Haut nicht wohl fühlen.

Manchmal führt der Übereifer zu ernsten Schäden. Wir fasten, bis wir schwach und dehydriert sind, oder wir überfressen uns und schlucken Abführmittel in einem verzweifelten, selbstzerstörerischen Kreislauf.

Wenn Sie nicht sicher sind, ob Sie die Grenze überschritten haben, dann fragen Sie einen Fachmann oder eine Freundin. Und hören Sie auf sie!

Gut auszusehen ist es nicht wert, daß ich mich deswegen umbringe.

Man steigt nicht zweimal in den gleichen Fluß.

Heraklit

Nichts bleibt sich immer gleich. Wie der Fluß ist auch unser Leben ein ständiges Weiterfließen und Sichverändern.

So wie der Fluß müssen auch wir immer in Bewegung bleiben, müssen die sein dürfen, die wir sind, Fehler machen und neu beginnen.

Jeder Augenblick ist ein Neubeginn.

Es gibt ja nicht nur keinen Gott, sondern versuchen Sie mal, am Wochenende einen Klempner zu kriegen!

Woody Allen

Gibt es einen Gott? Oder gibt es keinen? Und spielt es eine Rolle?

Unentbehrliche Frauen wollen Garantien haben. Wir hassen es, sozusagen ohne anerkannten Architekten und narrensichere Pläne in ein Projekt zu investieren.

Hier kommt der Glaube ins Spiel. Wir müssen in der Überzeugung leben, daß unser Leben einen Sinn hat, das Universum preisen mit oder ohne vorgängigen Beweis der Gegenwart Gottes.

Dies ist das Geheimnis. Dies ist das Wunderbare.

Das einzig Wichtige, was ich im Laufe der Jahre gelernt habe, ist der Unterschied, ob man seine Arbeit ernst nimmt oder sich selber. Ersteres ist unerläßlich, das zweite verheerend.

Margot Fonteyn

Einer meiner guten Freunde zeigte mir dieses Zitat der berühmten Ballerina. Es ist wie geschaffen für «unentbehrliche» Frauen.

Es ist gut, daß wir uns mit Leib und Seele in die Arbeit stürzen, uns leidenschaftlich engagieren.

Gleichzeitig dürfen wir uns selber aber nicht zu ernst nehmen. Hohe Erwartungen fördern erstklassige Leistungen; Größenwahn schafft unangemessenen Druck und nimmt der Arbeit jegliche Freude.

Ich kann nach den Sternen greifen, aber die Füße auf dem Erdboden behalten.

Ich lege Sechzehn-Stunden-Schichten auf der Intensivstation ein. Am Ende des Tages fühle ich mich wie eine leere Hülle.

Kursteilnehmerin

Sich anderer Menschen anzunehmen, besonders in Notsituationen, regt den Adrenalinfluß gewaltig an. Es ist aufregend, gebraucht zu werden – je dringender, desto besser.

Ich kenne eine Frau, die dreierlei Tätigkeiten gleichzeitig ausübte: Sie studierte, leistete freiwillig Kirchenarbeit und sorgte für ihren betagten Vater, der bei ihr lebte. Als ich sie kennenlernte, war sie gerade aus dem Krankenhaus gekommen, wo sie wegen akuter Blinddarmentzündung operiert worden war.

Irgendwann macht unser Körper schlapp. Wir glauben, daß wir von einer Energiedüse vorangetrieben werden, aber wir überanstrengen uns so sehr, daß wir abstürzen.

Ich will noch etwas Kraft für mich selbst behalten.

Menschen schaffen sich ihre eigene Welt, wenigstens eine ganze Menge tun das. Man muß nehmen, was kommt. Wenn es nicht das ist, was man haben will, dann ist es vermutlich das, was man verdient.

Dorothy Molter

Dorothy Molter lebte allein in einer Hütte im nördlichen Minnesota. Sie verkaufte selbstgebrautes Bier an Tausende von Touristen, die in die Wildnis kamen, um die Flüsse mit dem Kanu zu befahren.

Wir können alles machen, was wir möchten. Wir können Künstler sein oder Industrieller und eines Tages alles aufgeben und uns in die Wälder zurückziehen.

Ich habe fünf Jahre lang als vermutliche Erbin im elterlichen Verlag gearbeitet. Nach eingehender Selbstbefragung trat ich aus dem Unternehmen aus, voller Befürchtungen, was ich damit wohl verlor, aber im Grunde meines Herzens überzeugt, daß es nie das sein würde, was mir entsprach.

Es war die richtige Entscheidung. Doch im Augenblick, als ich sie traf, war das nicht unbedingt offensichtlich. Wir müssen lernen, auf unsere innere Stimme zu hören.

Wenn ich ehrlich mit mir bin, weiß ich, was ich tun muß.

Das Motto sollte nicht lauten: Vergebt einander!, sondern: Versteht einander!

Anonym

Unentbehrliche Frauen sind die Hüterinnen zwischenmenschlicher Beziehungen. In unserem Bemühen, eine enge Vertrautheit aufzubauen, schaffen wir manchmal Hader. Wir verletzen unsere Partner und sind dann selber wie gelähmt vor Scham.

Wiedergutmachung gehört auch zur Genesung. «Es tut mir leid, daß ich dich gedrängt habe.» – «Ich entschuldige mich dafür, daß ich angenommen habe, ich wüßte, wie dir zumute ist. Bitte, verzeih mir.»

Nach dem Verzeihen kommt das Mitempfinden. Gegenseitiges Verständnis wird gefördert, wenn wir sagen können:

Ich bin ich. Du bist du. Wir sind verschieden, aber ebenbürtig.

Hoffe auf ein Wunder. Aber sei nicht abhängig davon.

Talmud

Hoffnung, gemischt mit harter Arbeit, ist das beste Rezept, um im Leben das zu erreichen, was man will.

Ich persönlich mache bei jeder Werbeverlosung mit. Ich reiße den Umschlag auf und wähle zwischen einem roten BMW und einem blauen Segelboot, renne zum Briefkasten, um auch noch von dem zeitlich befristeten Bonus von einer Million zu profitieren. Und immer bestelle ich auch noch die Zeitschriften, die durch die Verlosung verkauft werden sollen. Ich bin überzeugt, daß die Kuverts mit der aufgeklebten Marke «Nein, danke, ich bestelle nichts, möchte aber an der Verlosung teilnehmen» irgendwie verlorengehen, obwohl immer betont wird, man müsse nichts bestellen, um zu gewinnen.

Unterdessen fahre ich eifrig mit dem Bücherschreiben fort. Vielleicht habe ich eines Tages Glück. Vielleicht habe ich jetzt schon gewonnen.

Ich bin nur von mir selber abhängig.

Schuldgefühle sind der Preis, den wir bereitwillig dafür bezahlen, daß wir das tun, was wir ohnehin getan hätten.

Isabelle Holland

Wenn wir etwas ohnehin getan hätten, warum können wir dann nicht einfach darüber hinweggehen, statt uns zu quälen?

Vielleicht ist Schuldbewußtsein eine Wahl, die wir getroffen haben; vielleicht dient es einem notwendigen Zweck im Funktionsschema unserer Psyche.

Vielleicht ist Schuldgefühl die nötige Wiedergutmachungszahlung, damit die Rechnung mit uns selber aufgeht: Ich habe mich falsch verhalten. Ich bedaure es. Damit ist die Sache erledigt.

Ich kann mich dafür entscheiden, mein Schuldgefühl abzulegen.

Wenn ich doch nur ein bißchen Bescheidenheit besäße. Dann wäre ich perfekt.

Ted Turner

Wenn Ted Turner Bescheidenheit besäße, hätten wir vermutlich kein CNN-Fernsehen.

Bescheidenheit ist nützlich, solange sie uns zu größeren Dingen inspiriert und uns dankbarer macht für das, was wir haben.

Bescheidenheit ist nicht das Gegenteil von Überheblichkeit. Sie ist Stolz, der seinen Stellenwert kennt.

Wahre Bescheidenheit verlangt die Anerkennung meiner Begabung.

Die Menschen gebrauchen Ausdrücke wie «niedergeschlagen von Besorgnis», als ob die Besorgnis draußen lauerte, um einen niederzuschlagen.

Wayne W. Dyer

Besorgnis ist der Schatten der Unentbehrlichen. Wir sind nie wirklich völlig ruhig; selbst im Schlaf wälzen wir uns noch herum. Von Sorgen verfolgt, träumen wir von all dem, was wir zu tun haben.

Besorgnis ist frei herumschwebende Angst. Angst, etwas zu vergessen. Angst, sich an etwas zu erinnern. Angst vor Versagen. Angst vor Erfolg. Angst, dem Erfolg nicht gewachsen zu sein.

Wir werden in der Tat niedergeschlagen – von unserer hartnäckigen inneren Stimme. Wir können Halt finden, wenn wir uns selber vorsagen:

Ich lebe nicht im Belagerungszustand.

Stellen Sie sich vor, Sie seien ein Zirkusartist und jonglierten mit vier – sechs – acht Keulen, die Sie alle mit Ihren zwei Händen in der Luft herumwirbeln.

Ellen Sue Stern

Was für ein Kunststück! Von einem Bein auf das andere zu hüpfen, sich um die eigene Achse zu drehen, und das alles, ohne daß eine Keule zu Boden fällt.

Nur ein ausgebildeter Artist ist dazu fähig. Und doch ist dies die Art, wie wir unsere Tage zubringen – verzweifelt bemüht, all unsere vielen Aufgaben im Gleichgewicht zu halten.

Warum können wir nicht ein paar Keulen ablegen?

Ich habe nur zwei Hände.

Alles, was Sie nicht großzügig und in reichem Maße geben, geht für Sie verloren. Sie öffnen Ihren Tresor und finden darin nur Asche.

Annie Dillard

Wir geben so viel, und doch ist dieses Geben oft getrübt durch Zorn oder Bedauern.

Wir sollten aber wie echte Philanthropen geben, ohne unsere Gaben wie Geizhälse in kleinen Raten auszuteilen.

Je mehr wir geben, desto mehr haben wir. Wenn wir mit offenen Armen auf andere zugehen, werden ihre Arme sich ebenfalls um uns legen. Wenn wir großzügig unsere Gedanken und Vorstellungen mit anderen teilen, werden wir selber noch mehr angeregt und inspiriert.

Es bedarf gar nicht des Märtyrertums. Geben Sie reichlich, furchtlos und von ganzem Herzen.

In meinem Tresor funkelt es von Diamanten.

SEPTEMBER

Lebe so, als ob du dich selber gern hättest; dann könnte es sogar eintreten.

Marge Piercy

Als unentbehrliche Frauen blicken wir auf andere, um zu sehen, ob wir gut genug, gescheit genug, hübsch genug sind.

Ein positives Bild von sich zu haben – und daran zu glauben – macht uns weniger abhängig von dem, was andere von uns halten. Sehr bald schon beginnen wir, an unsere besten Seiten zu glauben. Wir beginnen, unseren höchsten Erwartungen gerecht zu werden.

Ich mag, was ich sehe.

Laß nie jene verzehrende Traurigkeit los, die Sehnsucht heißt.

Patti Smith

Traurigkeit erschreckt uns. Wir möchten nicht die Tiefe unserer eigenen Sehnsucht empfinden.

Und doch sagt uns diese Sehnsucht, was wir brauchen, um heil und ganz zu sein: sinnvolle Arbeit, leidenschaftliche Umarmungen, Stunden am Rand eines Flußufers, um ins Wasser zu blicken.

Wenn wir uns aus der Traurigkeit in die Unentbehrlichkeit flüchten, unterbinden wir die drängende Stimme unserer Sehnsucht. Wir verlieren die Fähigkeit, zu wissen, was wir wollen. Und brauchen. Und verdienen.

Ich will so vieles.

Das Großartige auf dieser Welt ist nicht so sehr, wo wir sind, sondern in welche Richtung wir uns bewegen.

Anonym

Ein neuer Mensch kam in mein Haus, als mein Mann und ich uns trennten. Ich hatte Glück, Susanne zu finden, die mir mit den Kindern und der Hausarbeit helfen und mir auch sonst eine Stütze sein sollte.

Susanne war gleichsam die Brücke zwischen meinem alten Leben und dem, was vor mir lag. Damals wurde ich mir, wenn ich sie ansah, des Verlusts und des Chaos in meinem Inneren schmerzlich bewußt, und ich hatte das Gefühl, daß plötzlich alles zum Teufel gegangen war.

Im nachhinein sehe ich, wie gut wir den Übergang bewältigten. Das Leben geht weiter.

Ich komme stetig voran.

Punkt 4 meiner Liste: Laß die Kinder abends länger aufbleiben, um sie dafür zu entschädigen, daß du verreist.

Ellen Sue Stern

Etwas aus Schuldgefühl zu tun dient weder den Kindern noch uns selber. Späte geschäftliche Sitzungen versuchen wir auf übertriebene Weise gutzumachen, indem wir den Kindern Süßigkeiten mitbringen und sie bis lange nach der normalen Schlafenszeit aufbleiben lassen. Damit verlieren wir aber das bißchen kostbare Zeit, das wir für uns selbst hätten, und die Kinder toben bloß überreizt herum und sind am anderen Morgen unausgeschlafen.

Ab und zu eine Belohnung ist ganz in Ordnung. Wenn diese aber nur dazu dienen soll, für versäumte Zeit zu entschädigen, verfehlt sie unweigerlich ihren Zweck.

Ich werde meinen Kindern das geben, was sie brauchen, nicht das, was mein Gewissen beruhigt.

Ich habe mir alle Mühe gegeben, ihnen Freude zu machen, habe mein Schlafzimmer aufgeräumt, meine Schularbeiten erledigt, meinem Haar hundert Bürstenstriche gegeben …

Joyce S. Petschek

Wir hatten unsere Eltern buchstäblich nötig, um zu überleben. Wir haben alles getan, wirklich alles, was wir konnten, um ihre Liebe zu erlangen.

Die erschütternde Wahrheit ist, daß wir dies noch immer versuchen. Vielleicht nicht bei unseren Eltern, aber bei Freunden, Geliebten, Vorgesetzten – wir tun alles, was in unserer Macht steht, um zu gefallen.

Tief im Inneren aber wissen wir, daß nichts je genügen kann. Doch das hält uns nicht von unseren Bemühungen ab.

Auch wenn ich ihnen nie gefalle, bin ich doch ein prächtiger Mensch.

Punkt 7 meiner Liste: Putze das Haus, ehe die Putzfrau kommt.

Ellen Sue Stern

Wir haben alle unsere Eigenheiten. Ich falte zum Beispiel im Hotel die Handtücher auf meine Weise zusammen. Und ich lese alle neunhundert Seiten meines Buchmanuskripts wenigstens dreimal gründlich durch, ehe ich es dem Verlagslektor gebe.

Ich weiß, daß das alles ein bißchen verrückt ist. Doch unser Perfektionismus treibt uns dazu, ein fehlerfreies Bild von uns präsentieren zu wollen, selbst denen gegenüber, die dafür da sind, unsere Fehler auszubügeln.

Wenn wir andere die Spuren unserer Unvollkommenheit sehen lassen, ist dies schon ein Zeichen dafür, daß wir gesund werden. Es bedeutet, daß wir damit aufhören wollen, uns den Anschein von Perfektion zu geben.

Es ist alles sauber genug.

Ich wurde dazu erzogen, zu spüren, was man von mir erwartete, wie ich sein sollte, und dann auch so zu sein. Es dauerte lange, bis ich mich nicht mehr durch die Augen anderer beurteilte.

Sally Field

Ich erinnere mich noch gut, wie die Schauspielerin Sally Field bei der Entgegennahme des Oscar im Jahre 1979 herausplatzte: «Ihr mögt mich also!»

Ich liebte sie wegen dieses Ausbruchs noch viel mehr. Und mir wurde deutlich, daß wir, unabhängig davon, wie hoch unser Stern steht, uns immer noch nach Anerkennung sehnen, um wirklich mit uns zufrieden zu sein.

Unser Leben lang streben wir danach, so zu sein, daß wir unserer Meinung nach Beifall verdienen. Auch wenn wir selber mit uns zufrieden sind, suchen wir doch nach Bestätigung, ganz gleich, ob wir der Menge gefallen oder auch nur unsere Mutter dazu bringen möchten, uns ihre Anerkennung für eine neue Frisur oder eine Beförderung auszusprechen.

Fazit: Auch noch so viel Lob genügt je, um uns von unserem Wert zu überzeugen. Letztlich müssen wir selber imstande sein, uns zu sagen:

Ich mag mich.

Wir lehren das, was wir lernen müssen.

Anonym

Als ich anfing, Kurse zu geben, sagte meine Mutter: «Wie kannst du anderen Menschen sagen, was sie tun sollen? Du bist doch selber die schlimmste aller unentbehrlichen Frauen!»

«Und was, glaubst du, macht wohl jemanden zum Sachverständigen?» war meine Antwort.

Wir lernen ständig. Das ist genau das, was ich am meisten an der Idee der Gesundung schätze. Der Erfolg zeigt sich im Fortschritt, nicht erst am Ziel. Wir brauchen gar keine «Experten» zu sein – sondern einfach Menschen, die lernen und wachsen.

Ich bin selbst mein bester Lehrer.

Das hab ich alles schon durchgemacht, Baby. Ich bin Mutter Courage.

Elizabeth Taylor

Unentbehrliche Frauen legen sich ein dickes Fell zu, um überleben zu können. In den Kampf zu ziehen ist unsere Art des Vorgehens.

Wichtig ist, zu wissen, daß wir das haben, was es braucht: Zähigkeit, die Fähigkeit, harte Zeiten dank Furchtlosigkeit und Energie zu überstehen. Wir können unsere Kräfte zusammennehmen, wenn es darauf ankommt.

Das bedeutet jedoch nicht, daß wir das Leben mit aufgepflanztem Bajonett angehen müssen. Der Kunstgriff besteht darin, sanft zu bleiben, auch wenn wir hart sind.

Ich besitze das nötige Durchhaltevermögen.

Nach und nach wurde das Leben wieder normal. Der Stacheldraht, der uns einzäunte, flößte uns nicht mehr wirklich Angst ein.

Elie Wiesel

Diese Worte, mit denen der Überlebende des Holocaust Elie Wiesel ein Konzentrationslager beschrieb, lassen es mir kalt den Rücken hinunterlaufen.

Fähig zu sein, das Leben hinter Stacheldraht als normal zu betrachten, ist ein tragisches Zeugnis für unsere unglaubliche Widerstandsfähigkeit. Mit Mut und Hoffnung können wir mit den schrecklichsten Gegebenheiten fertig werden, ja, diese sogar überwinden.

Daran sollten wir immer denken, wenn uns Kleinmut und Angst überfallen.

Ich kann meine Ängste richtig einordnen.

Ich hatte eingewilligt, meine Besitztümer eines nach dem anderen wegzugeben als eine Art Lösegeld für mein eigenes Leben; doch als dann nichts mehr übrig war, fühlte ich mich selber am meisten erleichtert …

Isak Dinesen

Wir halten an allem fest … an unserer Habe, unseren Sehnsüchten und unseren Standpunkten.

Es gibt keine größere Befreiung als die Erleichterung des Loslassens. Frei und ohne Fesseln, unentbehrlich nur im heiligsten Sinn, schweben wir durchs Leben, ohne Geiseln zu nehmen.

Wenn wir nichts mehr besitzen, haben wir das ganze Universum für uns. Dann sind wir frei.

Ich kann alles verschenken.

Ich bin reich gewesen, und ich bin arm gewesen. Reich ist besser.

Sophie Tucker

Ich bin für geistigen Materialismus, nämlich den Glauben, daß wir alle ein Anrecht haben auf ein reiches Leben einschließlich materiellen Komforts und Sicherheit.

Es ist nichts Unrechtes am Geldverdienen. Geld ist Zeit; es ermöglicht uns ab und zu einen Abend, an dem wir ausgehen, oder Ferien, die wir dringend brauchen. Es verschafft uns den nötigen Seelenfrieden, damit wir arbeiten gehen können mit der beruhigenden Gewißheit, daß unsere Kinder in guter Hut sind.

Unsere Unentbehrlichkeit wird angeschlagen, wenn wir davon besessen sind, mehr und mehr Geld zu verdienen, und immer weniger Befriedigung empfinden. Solange der finanzielle Erfolg ein Mittel zum Zweck ist – und nicht ein Zweck an sich –, ist alles in Ordnung.

Reich ist besser, solange Reichtum Freiheit gewährt.

Ein Mann, der für seine Kinder sorgt, wird als Softie bezeichnet; wenn Männer ihren Anteil an Hausarbeit leisten, ernten sie Beifall, daß sie «mithelfen».

Ellen Sue Stern

Als meine Tochter Zoe geboren war, machte es mich wütend, daß die Leute sich kaum fassen konnten, wann immer sie sahen, daß Gary dem Baby die Flasche gab, es ein Bäuerchen machen ließ oder ihm die Windeln wechselte (was er nicht allzuoft tat und auch nicht besonders gut). Überflüssig zu sagen, daß keiner eine Miene verzog, wenn ich dasselbe machte.

Was Kindererziehung und Hausarbeit betrifft, hält jeder es für selbstverständlich – und wir selber ebenfalls –, daß die Frauen den Löwenanteil übernehmen.

Solange wir die Männer auf diesen Gebieten für unfähig oder entbehrlich ansehen, werden wir nicht die Hilfe und Unterstützung erhalten, die wir brauchen. Es ist an der Zeit, mit dem Mythos des Softies aufzuräumen. Väter sind genauso wichtig und kompetent wie Mütter.

Ich will mein Bestes tun, um ihn in der Vaterrolle zu unterstützen.

Nichts ist dem Stolz so ähnlich wie Entmutigung.

Amiels Tagebuch

Als ich mich abmühte, um den Sinn dieses Zitats zu verstehen, empfand ich Entmutigung, bis mir aufging, daß mein Gefühl des Versagens von meinem dummen Stolz herrührte, der mich annehmen ließ, ich könnte alles auf Anhieb verstehen.

Unentbehrliche Frauen sind leicht zu entmutigen. Wenn wir ein Ziel verfehlen, ist es uns peinlich, und wir sind bestürzt. Unsere natürliche Reaktion darauf ist, daß wir uns noch mehr antreiben, um uns selbst zu bestätigen.

Stolz steht dem persönlichen Fortschritt aber im Wege. Entmutigung ist kein Grund, den Motor auf Touren zu bringen. Sie ist vielmehr eine sanfte Mahnung, das Tempo zu verlangsamen, denn es gibt etwas zu lernen.

Wenn ich mich entmutigt fühle, kann ich mich entspannen und dann einen neuen Versuch machen.

Es ist eine seltsame und traurige Art von Befreiung, wenn Frauen ihren Bizeps aufpumpen oder in den Klub der knallharten Börsenspekulanten an der Wall Street eindringen.

Alfie Kohn

Vor ein paar Jahren war ich die einzige Frau in einem sonst rein männlichen Team von Vertretern. Jeden Montag kamen wir zusammen und sahen uns Schulungsfilme an, die uns die Verkaufsstrategie beibringen sollten.

Ich kam mir vor wie beim Training einer Fußballmannschaft, die mit Draufgängertum und Finten versucht, den Ball ins gegnerische Tor zu treiben. Meine Verkaufstechnik bestand darin, einen persönlichen Kontakt zu meinem potentiellen Kunden herzustellen, ausfindig zu machen, was dieser haben wollte, und ihm den Kauf zu erleichtern.

Mit ihrem Eindringen in ehemals männliche Bastionen haben viele Frauen sich auch den männlichen Stil des Erfolgsstrebens angeeignet. Das ist aber nicht der einzige Weg. Und nicht notgedrungen der beste.

Ich kann sanft und liebevoll und dabei doch stark draußen in der Welt sein.

Die Zeit, die du für deine Rose verloren hast, sie macht deine Rose so wichtig.

Antoine de Saint-Exupéry

Wir sind ständig am Kommen und am Gehen. Jede Minute wird uns zugemessen, eingeteilt, und über jeden Augenblick legen wir Rechenschaft ab. Wir pflegen unsere zwischenmenschlichen Beziehungen nach Zeitplan und verpassen darob das einfache Vergnügen des Zusammenseins.

Was wir nötig hätten, wäre ein bißchen Zeit zum Verschwenden. Sich in die Länge ziehende Essen mit guten Freunden. Faule Nachmittage, um mit den Kindern am Strand in der Sonne zu spielen.

Wenn wir Zeit zur Verfügung haben, setzen wir sie weise ein – um sie mit denen zu verbringen, die wir schätzen und lieben.

Die Zeit, die wir für sie aufwenden, ist es, die die Dinge für uns wichtig macht.

«Also, hier ist jetzt das neue Baby, das du dir von mir gewünscht hast. Was sagst du dazu?» fragte ich meinen Sohn Tony, als sein Brüderchen Nicky geboren wurde. «Was ich dazu sage?» antwortete Tony, ohne einen Moment zu zögern. «Ich hab es mir anders überlegt.»

Judith Viorst

Unser Drang, uns unentbehrlich zu machen, entspringt manchmal einfach dem ehemaligen Konkurrenzkampf mit unseren Geschwistern. Im Schoße der Familie lernen wir die Spielregeln: was es braucht, um die Liebe der Mutter und die Anerkennung durch den Vater zu erlangen.

Am 65. Geburtstag meiner Mutter brachte meine Schwester bei Tisch einen Toast aus. Ich geriet in Panik, legte mir dann rasch eine kleine Ansprache zurecht, da ich entschlossen war, besser zu reden als sie, um meinen Platz in der Familie zu behaupten.

Wie schön ist es, wenn man sich im Familienkreis geborgen fühlen kann, statt mit den anderen in Wettstreit zu treten.

Ich gewinne, wenn ich nicht mehr wetteifere.

Wenn Sie sich einsam fühlen, wenn Sie allein sind, dann sind Sie in schlechter Gesellschaft.

Jean-Paul Sartre

Auch für die unentbehrlichste Frau kommt irgendwann ein Moment, da sie sich wünscht, allein zu sein, niemanden um sich zu haben, der etwas von ihr verlangt, sondern einfach in Ruhe gelassen zu werden.

Wie gut ertragen Sie aber wirklich das Alleinsein? Wie fühlen Sie sich, wenn Sie gar nichts vorhaben, die Zeit nur mit sich selber verbringen? Genießen Sie es, nichts tun zu müssen, oder werden Sie unruhig und beginnen sich zu langweilen?

Dann sollten Sie sich öfter Zeit nehmen, um sie mit sich allein zuzubringen. So werden Sie sich besser kennenlernen und feststellen, daß die Unentbehrlichkeit bei der eigenen Person beginnt.

In Zukunft werde ich mehr meine eigene Gesellschaft suchen.

Wenigstens hat Marge aus all diesen Frauenzeitschriften herausbekommen, was für eine Gesichtsform sie hat – etwas, dessen ich *mir nie sicher war.*

Jane Wagner

Diese Zeile aus einem Theaterstück sagt sehr viel aus über den endlosen Kampf der Frauen, ihre Prägung zu überwinden und zu lernen, ihren Körper zu akzeptieren.

Das ist keine leichte Aufgabe. In unserem wahnsinnigen Drang nach Vollkommenheit prüfen, kritisieren, ja, verstümmeln wir uns sogar. Wir blicken in den Spiegel und sehen nur die Unvollkommenheiten, nicht die Schönheiten.

Dankbar sein heißt Gottes Werk loben. Und so sollten wir uns selber auch sehen – mit Freuden und voll Dankbarkeit.

Ich bin dankbar für jeden Quadratzentimeter meines Körpers.

Was nicht besser wird, das wird schlechter.

Ellen Sue Stern

Es ist Selbsttäuschung, anzunehmen, man könne seine Gesundung auf später verschieben. Können wir mit der Veränderung warten, bis wir ernsthaft in Schwierigkeiten sind?

Tatsache ist, daß die Kosten der Unentbehrlichkeit sich schleichend einstellen: das Kopfweh, das nicht vergeht; die Eheschwierigkeiten, die unter den Teppich gekehrt werden; schludrige Fehler bei der Arbeit.

Erholung wirkt vorbeugend. Statt auf den Ausbruch einer ernsten Erkrankung zu warten, wollen wir lieber gleich den Heilungsprozeß einleiten.

Ich muß nicht erst zusammenbrechen, um mit der Gesundung zu beginnen.

Ich muß daran denken, daß ich ein Helfer bin. Nur zur Abwechslung kann ich ein Katalysator sein.

Rokelle Lerner

Die Sucht, zu Hilfe zu eilen, läßt uns unsere menschlichen Grenzen aus den Augen verlieren. Es gibt ein ganz bestimmtes Maß, wieviel ein Mensch für einen anderen tun kann oder darf.

Großartigkeit muß im Zaum gehalten werden, sonst geben wir uns der irrigen Meinung hin, wir hätten die Macht, andere Menschen zu verändern.

Ein Held zu sein, hat etwas sehr Verführerisches. Ein Helfer zu sein, hat etwas zutiefst Befriedigendes.

Ich kann anderen Menschen helfen, etwas zu verändern, aber ich kann sie nicht selber ändern.

Gebrauche stets deine Intuition – du kannst ein Problem niemals auf der Ebene lösen, auf der es entsteht.

Lynn V. Andrews

Wenn wir beim Denken in unserer logischen linken Gehirnhälfte festgefahren sind, verpassen wir die Wahrheit, die unendlich viel subtiler ist. Auf der Suche nach Sofortlösungen denken wir zu krampfhaft nach und beeilen uns zu sehr: *Irgendwas kann nicht stimmen. Es müßte mir doch sofort eine geniale Antwort einfallen.*

Um zu genesen, müssen wir mehr in die Tiefe gehen. Bis zu einem Ruhepunkt, wo wir lernen, auf unsere natürliche Klugheit und Intuition zu vertrauen. Wenn wir geduldig und aufmerksam sind, zeigen sich uns die richtigen Antworten.

Ich weiß genau, was ich tun muß.

Die aufreibendste Sache im Leben ist es, unsicher zu sein.

Anne Morrow Lindbergh

Als ich nach meiner Scheidung das erstemal als Single zu einer Party ging, verbrachte ich die halbe Zeit im Badezimmer, um mein Make-up zu korrigieren und mein Haar zu toupieren. Die restliche Zeit lief ich nervös herum und fragte mich besorgt, wie ich wohl aussah und ob ich irgend jemandem gefiel.

Das Gewicht unserer Unsicherheit drückt uns nieder. Wir haben das Gefühl, als müßten wir gegen hohe Wellen anschwimmen; wir sehen das Ufer, aber wir können es nur mit äußerster Anstrengung erreichen.

Wie wäre es wohl, in ruhigen Gewässern zu schwimmen, mit gleichmäßigen zuversichtlichen Zügen, und uns selbst zu sagen:

Ich werde mein Bestimmungsziel erreichen.

Ich sah, daß nichts von Dauer war. Man möchte gar nichts besitzen, das einem teuer ist, denn man könnte es verlieren.

Yoko Ono

Liebe ist etwas vom Allerverwundbarsten. Wenn wir mit voller Hingabe lieben, sind wir schutzlos der Möglichkeit eines großen Verlusts preisgegeben.

Der Glaube, daß Unentbehrlichkeit uns vor Schmerzen bewahren könne, ist eine große Illusion. Es gibt nichts Dauerhaftes außer der intensiven Freude, die sich einstellt, wenn wir uns ganz dem Heute hingeben. Und dem Morgen.

Heute ist schon genug.

Du hast es schon ganz schön weit gebracht, Baby!

Zigarettenreklame

Ach, die verbotenen Früchte! Als leidenschaftliche Exraucherin war ich fasziniert von den Fotos viktorianischer Frauen, die ihre Zigaretten in den Falten ihrer bauschigen weißen Kleider verbargen.

Schalten wir nun auf die Gegenwart um: Heute dürfen wir uns vor aller Augen umbringen. Hurra!

Wie immer sie auch verpackt ist, Süchtigkeit ist tödlich. Genesung verlangt aber, daß wir dem Leben alle Aufmerksamkeit schenken. Und der Gesundheit. Wenn wir uns selbst so lieb sind, daß wir reine Luft atmen, uns gut ernähren und ausreichend bewegen, dann haben wir es schon weit gebracht.

Ich habe es schon ganz schön weit gebracht.

Wenn Liebe die Antwort ist, könntest du dann bitte die Frage noch mal formulieren?

Lily Tomlin

Das Rätsel der Liebe kann nicht ergründet, nur empfunden werden.

Und dennoch versuchen wir es. Wir singen das vollkommene Lied, vollführen die komplizierten Tanzschritte, die uns, wie wir glauben, am Ende in den Augen unseres Geliebten unentbehrlich werden lassen.

Was liebenswert ist, das ist unsichtbar. Und mühelos. Und liegt wunderbar außerhalb unserer Kontrolle.

Liebe ist die Frage.

Werden Sie von einem Vorhaben so sehr in Anspruch genommen, daß Sie alles andere um sich herum vergessen?

Ellen Sue Stern

Die «Tunnelsicht» ist ein Symptom der Unentbehrlichkeit. Unsere ganze Aufmerksamkeit ist so ausschließlich auf unser Endziel gerichtet, daß wir keinerlei Unterbrechung ertragen.

Wenn wir aber lernen, umzuschalten, spontan zu reagieren und aufgeschlossen zu sein für das, was im Augenblick geschieht, dann heißt das, daß wir auf dem Weg sind, uns zu bessern. Wir begrüßen das Unerwartete, voller Zuversicht, daß wir uns eine Pause leisten, um uns blicken und dennoch auf unserer eingeschlagenen Spur bleiben können.

Ich kann ein Ziel im Auge haben, ohne starr darauf fixiert zu sein.

Wenn man doch nur zwei Leben haben könnte! Das erste, in dem man seine Fehler macht … und das zweite, in dem man aus ihnen gelernt hat.

D. H. Lawrence

Wir mögen mehr Leben als eine Katze haben, vielleicht ist aber dieses hier unser einziges. Viele fernöstliche Religionen kennen die Vorstellung der Reinkarnation: Wir kehren zurück für viele neue Existenzen, um unser Karma zu erfüllen.

Ob wir nur ein Mal hier sind oder mehrere Male, jedenfalls ist Reue über unsere Fehler nur Zeit- und Energieverschwendung. Was geschehen ist, ist geschehen. Es mußte geschehen, damit wir daran wachsen und uns zu vollkommeneren Menschen entwickeln konnten.

Reue lähmt. Sich selbst zu vergeben aber macht uns frei, so daß wir aus unseren Fehlern lernen können.

Ich bereue nichts.

Einer Mutter, der armen geplagten Seele, bietet selbst die WC-Tür keinen Schutz vor wild trommelnden kleinen Händen.

Charlotte Perkins Gilman

In Kursen für angehende Mütter findet sich stets auch eine «Veteranin», die eine so ermutigende Weisheit von sich gibt wie: «Hört zu, wenn das Baby erst mal auf der Welt ist, könnt ihr euch gratulieren, wenn ihr überhaupt noch Zeit findet, aufs Klo zu gehen.»

Es stimmt, daß die Kinder uns finden, wo immer wir auch sind. Mein Haus hat 180 Quadratmeter und eine Menge Platz zum Spielen. Wo aber sind meine beiden Sprößlinge? Auf dem Fußboden des winzigen WCs sitzen sie und leisten mir Gesellschaft – ob ich es will oder nicht.

Wenn der Säugling nicht gerade aus Leibeskräften schreit – und selbst dann kann er wahrscheinlich warten –, haben Sie ein Anrecht auf zwei Minuten ungestörtes Alleinsein – und auf eine abgeschlossene Tür.

Ich habe genügend Selbstachtung, um zu meinen Kindern nein zu sagen und auch zu jedem andern, der mir zu nahe tritt.

Geld ist bloß Geld, wie gewonnen, so zerronnen. Solange man sich nur selbst in die Augen sehen kann.

Meridel LeSueur

Integrität ist wichtiger als alles andere. Noch soviel äußerer Erfolg und materielle Sicherheit können den inneren Frieden nicht ersetzen, der sich daraus ergibt, daß man sich selbst in die Augen sehen kann.

Wenn wir unserem eigenen Blick standhalten, können wir echte, uns gemäße Entscheidungen treffen. Dann wird sich das Geld einstellen. Oder auch nicht. Aber wir werden dennoch reich sein.

Ich komme mit allem aus.

OKTOBER

Es gibt keine häßlichen Frauen, bloß faule.

Helena Rubinstein

Wir geben ein kleines Vermögen aus, um Schönheit zu erlangen, die doch nur in uns selber liegt, wohin kein Make-up reicht. Wir legen einen etwas dunkleren Lidschatten auf, bedecken die Unvollkommenheiten unseres von Gott gegebenen Gesichts mit zart getöntem Puder, so daß wir uns schließlich schön finden.

Wenn ich einen Dollar hätte für jeden Lippenstift, der in die Schubladen meiner Frisierkommode verbannt wurde, könnte ich mir ein Flugticket nach Miami kaufen. Dort würde ich eine Woche lang faulenzen, ließe mein Gesicht von der Sonne bescheinen und würde meine wirkliche, meine eigene Schönheit spüren.

Es gibt keine häßlichen Frauen, nur unsichere.

Zuweilen ist ein Mißerfolg sehr nötig für einen Künstler. Er erinnert ihn daran, daß ein Mißerfolg keine endgültige Katastrophe ist. Und diese Mahnung befreit ihn von der kleinlichen Suche nach Perfektion.

John Berger

Das Wissen, daß wir auch einmal scheitern und uns davon erholen können, ist die beste Medizin gegen das Sich-geschlagen-Geben.

Ein Scheitern ist nicht nur annehmbar, es ist eine Erleichterung. Wir kriechen, gehen, straucheln und finden schließlich unseren Weg. Bei unserem Stolpern entdecken wir, daß es nichts gibt, wovor wir zurückweichen müßten, außer vor unseren eigenen Erwartungen, daß wir das perfekte Gleichgewicht finden.

Der Seiltänzer wäre weniger fesselnd, wenn er nicht von Zeit zu Zeit schwankte.

Es gibt ein Netz.

Punkt 10 meiner Liste: Weck die Kinder auf, um ihnen gute Nacht zu sagen, damit sie einschlafen können.

Ellen Sue Stern

So verrückt kann es zugehen! In unseren fehlgeleiteten Anstrengungen, die perfekte Ehefrau, Mutter, Freundin oder Angestellte zu sein, unterscheiden wir nicht mehr, was nur angebracht und was wirklich nötig ist.

Für wen ist etwas bestimmt? Brauchen meine Kinder diese Umarmung, oder will ich mir damit nur meinen Platz in ihrem Leben sichern? Ist es wirklich so wichtig, daß ich bis spätabends im Büro bleibe, oder ist es bloß meine Art, mich in den Augen anderer Leute wichtig zu machen?

Eine ehrliche Einschätzung der Gegebenheiten vermeidet die Überheblichkeit des Unentbehrlichseins und die Angst, die diese nährt.

Ich bin Bestandteil des Universums, nicht dessen Mittelpunkt.

Kreativität ist das Großartige am Menschentum.

John Bradshaw

Wenn wir uns am unentbehrlichsten vorkommen, werden wir von purer Willenskraft angetrieben: Ich muß. Es ist unerläßlich, daß ich… Ich werde sterben, wenn ich nicht… Das ist die treibende Kraft hinter unserem Verhalten.

Kreativität ist das Gegenteil von Willen. Sie ist das herrliche Fließen, das das Gedicht schreibt, das Kind in Schlaf wiegt, der Welt Heilung bringt.

Wenn wir ruhig werden, tief atmen und eins mit uns sind, dann regt sich unsere Kreativität. Dann vollbringen wir mehr – und Besseres –, als wenn wir uns darum bemühen.

Ich bin von Natur aus kreativ.

Nichts bestimmt so sehr, wer wir werden, wie jene Dinge, die wir nicht beachten wollten.

Sandor Minab

Wir sind ganz aufs Handeln eingestellt, darauf, unsere Energie und Aufmerksamkeit auf die Ziele zu richten, die wir erreichen wollen.

Doch was wir außer acht lassen – unsere Gesundheit, menschliche Beziehungen, geistigen Hunger –, bestimmt ebensosehr, wer wir werden. Die Unterlassungssünde, mag sich's dabei um die Vernachlässigung des Spielens, Lachens, Schlafens oder Liebens handeln, ist eine Sünde wider uns selbst.

Wir haben die Wahl: entweder glänzend funktionierende Maschinen zu sein – oder erfüllte, zufriedene Menschen.

Ich werde darauf achten, was ich mir selbst versage.

Wir können alles erreichen, was wir wollen, wenn wir nur lange genug durchhalten.

Helen Keller

Was für ein starkes Vorbild für Glauben und Beharrlichkeit!

Es gibt Dinge, die diese Entschlossenheit wert sind: seiner Berufung zu folgen; eine gute Sache zu unterstützen; um die Liebe unseres Lebens zu kämpfen.

Wenn die Ziele hoch gesteckt und wirklich lohnend sind, dann können und müssen wir dafür unsere ganze Leidenschaft, unseren Mut und unsere Tatkraft einsetzen. Nichts soll uns hindern, wenn wir wissen, was wir wollen, und es aus tiefstem Herzen begehren.

Ich werde meine Entschlossenheit nutzen, um meine brennenden Wünsche zu erfüllen.

Falls Sie kein natürliches Talent haben, sich gut anzuziehen, sollten Sie sich vielleicht bei jemandem Rat holen. Es gibt ringsum viele kompetente Berater.

Sondra Ray

Von Sondra Ray habe ich seinerzeit gelernt, daß ich «Liebe verdiene». Jetzt erkenne ich, daß ich eine Modeberaterin verdiene, damit ich mich äußerlich genauso wohl fühle wie innerlich.

Mir scheint das sehr vernünftig zu sein. Uns lieben zu lassen und in allen erdenklichen Bereichen auf gute Ratgeber zu hören ist ein Prüfstein unserer Gesundung.

Ich lasse mich gerne mit gutem Rat unterstützen.

Mein Modebewußtsein beruht weitgehend auf dem, was nicht juckt.

Gilda Radner

Wäre es nicht großartig, seiner selbst so sicher zu sein, daß einem Wohlgefühl ebensoviel bedeutet wie Eitelkeit?

Dies ist ein lohnendes Ziel: Flanell zu tragen, wenn es draußen friert, und Baumwolle bei brütender Hitze, aber nichts, was auf der Haut juckt, ganz gleich, was die neuste Mode ist, die uns die Zeitschriften präsentieren.

Das nenne ich sich gut anziehen!

Ich ziehe mich so an, daß ich mich wohl fühle.

Ein Sexsymbol wird zu einem Gegenstand. Ich hasse es, ein Gegenstand zu sein.

Marilyn Monroe

Ich persönlich habe immer danach getrachtet, eine neue Art Sexsymbol zu sein, nämlich eins für den Mann, der denkt.

Es ist ganz in Ordnung – und kann zeitweilig sogar großartig sein –, sich von Kopf bis Fuß schön herzurichten, auf einer Party zu erscheinen und zu wissen, daß man blendend aussieht und alle Blicke auf sich zieht.

Andererseits müssen wir uns aber davor hüten, uns zum Objekt zu machen und uns zu erniedrigen. Wir verdienen Liebe, unabhängig davon, wie wir angezogen sind.

Ich kann begehrenswert sein, ohne meine Integrität aufs Spiel zu setzen.

Laß dir stets mehr Zeit, als du wirklich brauchst.

Ellen Sue Stern

Unentbehrliche Frauen sind immer im Wettlauf mit der Zeit. Wenn wir im letzten Moment hereinstürzen, ehe die von uns einberufene Konferenz beginnt, fühlen wir uns freudig erregt und kommen uns wichtig vor.

Es strapaziert aber auch unsere Nerven und ärgert andere Menschen, zumal wenn sie warten und ständig auf die Uhr sehen müssen.

Sich genügend Zeit zu nehmen – und pünktlich zu sein – ist viel weniger dramatisch, aber dafür sehr viel rücksichtsvoller. Wir betreten den Raum wie alle anderen. So einfach ist das.

Ich kann jederzeit auf den großen Auftritt verzichten.

Das Elend ist es, nicht die Freude, welches das Geheimnis der göttlichen Weisheit enthält.

Simone Weil

Wirklich mitempfinden können wir nur, wenn wir die Tiefe unseres eigenen Leidens erfahren haben.

Es gibt kein Vortäuschen. Die Demut, die aus großem Schmerz erwächst, öffnet unsere Herzen weit und macht uns empfänglich für das Leiden anderer. Dann können wir sicher ins Dunkel gehen, denn wir haben ein Licht, das unseren Weg erhellt.

Ich werde zur Heilerin, während ich selber heil werde.

Armut ist dein Schatz. Tausche ihn nie gegen ein leichtes Leben ein.

Zen-Weisheit

Auf dem Höhepunkt meiner Sucht war Reichtum für mich eine Stange Marlboro. Zehn volle Päckchen, die mich vor der panischen Angst bewahrten, die Zigaretten könnten mir ausgehen.

Es wäre leichter gewesen, mit dem Rauchen fortzufahren. So wie es in mancher Hinsicht leichter ist zu sterben, statt zu leben.

Doch das Leben erweist sich als unendlich viel reicher. Wenn wir eine Treppe hinaufgehen, ohne zu keuchen, wenn wir am Morgen erwachen und eine schwierige Wahl treffen, dann sind wir voll und ganz lebendig.

Ich bin keine Gefangene.

Man muß sich seine Tage zu eigen machen und sie ausleben, jeden einzelnen, voll und ganz; sonst vergehen die Jahre im Nu, und keines gehört einem wirklich.

Herb Gardner

Wir halten den Atem an und warten auf den perfekten Augenblick, den richtigen Menschen, die höchste Erfahrung, die das Leben lebenswert machen.

Unterdessen vergessen wir zu atmen, vergessen, uns jedem Augenblick jedes einzelnen Tages voll zu widmen. Dem Vordergründigen ebenso wie dem Hintergründigen.

Jede Erfahrung – ganz gleich, wie gewöhnlich sie sei – macht uns zu dem Menschen, der wir sind, und bereitet uns vor auf den, zu dem wir werden. Jeder Teil unseres Lebens hat seine Bedeutung; jeder Augenblick muß voll ausgeschöpft werden.

Nichts wird verschwendet.

Gott würfelt nicht.

Albert Einstein

Wir spielen «Unentbehrlichkeit», als sei es ein aufregendes Würfelspiel: fünf Felder vor, eins überspringen, noch mal würfeln …

Es gibt jedoch einen größeren Spielplan, eine kosmische Strategie, die weit über unsere kleinen Züge hinausgeht. Wenn wir diesem höheren Plan vertrauen, der für unsere Sicherheit und unser Vergnügen sorgt, dann können wir unsere «Würfel» aus dem Spiel lassen.

Wir werden in jedem Fall die Gewinnerinnen sein.

Ich brauche nichts anderes zu tun, als mitzuspielen.

Unsere Existenz ist ein merkwürdiger Handel. Das Leben schuldet uns wenig, aber wir schulden ihm alles. Wirkliches Glück erlangen wir nur, wenn wir ganz und gar in einer Sache aufgehen.

William Cowper

Wir schulden dem Leben das, was wir uns selbst schulden: das Recht und die Pflicht, unserem Leben einen tieferen Sinn zu geben. Unser Glück auf die Art zu suchen, die wir für richtig halten.

Wenn wir uns mit Leib und Seele der Suche nach dem uns bestimmten Platz im Universum widmen, dann wird die Unentbehrlichkeit bedeutungslos. Wir sind auf ein Ziel ausgerichtet, erfüllt von Frieden, Zuversicht und Gnade.

Ich glaube, daß es einen Grund gibt, warum ich hier bin.

Ich kann einen Wutanfall kriegen, darauf verstehe ich mich meisterhaft.

Madonna

Wir stampfen mit den Füßen, machen einen Schmollmund und geben uns wütender, als wir sind, damit man uns ernst nimmt. Wir steigern uns in einen Zornausbruch, wenn eine zweiminütige Aussprache alles geglättet hätte.

Wir tun das, weil wir nicht davon überzeugt sind, das zu verdienen, was wir brauchen. Wir veranstalten einen Riesenrabatz, weil wir glauben, anders nicht gehört zu werden.

Das ist Kraftvergeudung. Sie nützt uns nichts und dient nicht unseren Zwecken. Schlicht und ruhig um das zu bitten, was wir haben wollen, ist die wirkungsvollere Strategie.

Ich kann um das bitten, was ich haben möchte – und es bekommen.

Stellen Sie sich vor, Sie seien auf einer einsamen Insel. Und nun machen Sie einen kurzen Abstecher nach Hause und sehen sich an, wie alle ohne Sie zurechtkommen. Sind Sie wirklich unentbehrlich?

Ellen Sue Stern

Nein, nicht so unentbehrlich, wie wir meinen. Unsere Kinder, unsere Freunde, selbst unsere Jobs können einige Stunden, ja sogar einige Tage ohne uns überleben.

Selbstverständlich möchten wir gebraucht werden, doch nicht so sehr, daß es uns unmöglich wird, uns ohne schlechtes Gewissen oder Ängste auch unserem eigenen Leben zu widmen.

Unser Schuldgefühl ist getarnte Wichtigmacherei. Das Leben geht nämlich ohne uns weiter, wie groß auch die Rolle sein mag, die wir spielen.

Sie werden auch ohne mich leben können.

Kleinigkeiten machen die Vollkommenheit aus; aber Vollkommenheit ist keine Kleinigkeit.

Michelangelo

Wir sind überwältigt von den kosmischen Anforderungen der Vollkommenheit, obgleich diese sich doch schon in den kleinsten und gewöhnlichsten Begebenheiten zeigt.

Ich sitze in der Sonne vor einem Café, esse einen Heidelbeerkuchen und sehe ein paar Kindern zu, die auf ihren Fahrrädern vergnügt um den Spielplatz herumkurven.

Was könnte es Besseres geben?

Vollkommenheit ist überall, wenn ich nur auf sie achte.

Gleiche dich dem Schritt der Natur an; ihr Geheimnis heißt Geduld.

Ralph Waldo Emerson

Guter Rat für unentbehrliche Frauen, die gesunden möchten: Verlangsamen Sie Ihr Tempo! Noch ein bißchen mehr! Gehen Sie hinaus und machen Sie einen langsamen, beschaulichen Spaziergang. Betrachten Sie die Baumkronen. Spüren Sie die Sonne und folgen Sie den ziehenden Wolken.

Es gibt keine Hast. Nur die eigene innere Stimme, die uns hartnäckig antreiben will.

Hören Sie den Unterschied zwischen dieser Stimme und dem sanften Säuseln des Windes?

Die Natur ist meine Lehrmeisterin.

Mach dich für einen Menschen unentbehrlich.

Ralph Waldo Emerson

So etwas muß man uns nicht zweimal sagen!

Doch Vorsicht – wir dürfen Unentbehrlichkeit nicht mit Abhängigkeit verwechseln, die auf Kosten der Selbständigkeit des anderen geht. Es ist schön, zu einem notwendigen Faktor im Leben unseres Partners zu werden, aber es darf nicht zu Aufopferung und Bevormundung führen, sondern sollte für beide Teile ein ständiges Geben und Nehmen, ein Austauschen von Energie bedeuten.

Es ist schön, gebraucht zu werden, selber aber auch auf Hilfe zählen zu können.

Wenn du getreulich jeden Tag acht Stunden arbeitest, kannst du es schließlich zum Chef bringen und zwölf Stunden pro Tag arbeiten.

Robert Frost

Als Kathy, die perfekte «Unentbehrliche», von ihrer Firma zur Vizedirektorin befördert wurde, schwor sie, härter zu arbeiten als irgend jemand sonst. Und sie erwartete von ihren Mitarbeitern dasselbe.

Nachdem sie drei Wochen lang bis spätabends im Büro geblieben war, schickten die Angestellten ihr folgendes Memo: «Bitte gehen Sie nach Hause, damit wir es auch können.»

Es gibt Situationen, die übermenschliche Anstrengungen rechtfertigen: ein krankes Kind; das Weihnachtsgeschäft für Ladenbesitzer; ein sportlicher Wettkampf, für den man seit langem trainiert hat. Sich aber anzugewöhnen, dauernd mit Arbeit überlastet zu sein, ist kontraproduktiv. Wir machen uns kaputt und bringen andere dazu, dies ebenfalls zu tun.

Es wird Zeit, mit dem Übertreiben aufzuhören.

Für mich ist eine Superfrau jemand, der seinen Fußboden selber schrubbt.

Bette Midler

Zugegeben, die Sängerin und Schauspielerin Bette Midler kann sich vermutlich eine Haushilfe leisten.

Die meisten von uns müssen aber ihre Fußböden selber scheuern, und das zu allem anderen, was wir sonst noch zu tun haben.

Die Vorstellungen, was eine Superfrau ist, sind sehr verschieden, doch mit wenigen Ausnahmen sind wir dazu erzogen worden, die Hauptlast der Hausarbeit als unsere Pflicht zu betrachten. Ich bin zum Beispiel in einer Familie aufgewachsen, deren Küchenboden so sauber war, daß man darauf hätte essen können. Ich kann mir noch so viel Mühe geben, aber auf meinen Küchenboden müßte man besser ein Tischtuch legen.

Vielleicht sollte ich meine fruchtlosen Bemühungen lieber einstellen.

Die Superfrau ist tot!

Bis der Sexismus ausgerottet ist, werden Frauen weiterhin das Gefühl haben, für ihre Sicherheit vorsorgen zu müssen, indem sie sich unentbehrlich machen.

Ellen Sue Stern

Solange man von uns erwartet, in erster Linie für Haus und Kinder zu sorgen, solange wir weniger Lohn als die Männer für die gleiche Arbeit erhalten, bleiben wir von den Männern abhängig. Wir glauben, uns zerreißen zu müssen, damit wir ihr Wohlwollen behalten.

Das ist ein teurer Kompromiß. Das echte Vertrauensverhältnis, das sich zwischen Mann und Frau bilden könnte, wird durch diesen zweifelhaften Kontrakt beeinträchtigt.

Wir werden alle profitieren, wenn Gleichberechtigung herrscht; wenn wir zusammengehören, nicht aus Abhängigkeit, sondern aus dem gegenseitigen Wunsch.

Ich setze auf Gleichberechtigung.

Wie gründlich satt ich es doch habe, brav zu sein! Wieviel Respekt ich vor mir selber hätte, wenn ich einmal aus der Haut fahren und alle anderen für vierundzwanzig Stunden unglücklich machen könnte!

Alice James

Irgendwann wird es das kleine Mädchen in unserem Innern leid, nur lieb und freundlich zu sein, stets darauf bedacht, den anderen jeden Wunsch von den Augen abzulesen. Welche Erleichterung, sich einmal gehenzulassen und zu sich selbst zu finden.

Nehmen Sie sich fest vor, in den nächsten vierundzwanzig Stunden nichts zu tun, das nur dazu dienen soll, Ihnen Beifall oder Zuneigung zu verschaffen. Machen Sie sich bewußt, was für ein Gefühl es ist, sich so zu zeigen, wie man wirklich ist, mit seinen häßlichen Seiten ebenso wie mit seinen schönen. Merken Sie sich, wie gut es Ihrer Selbstachtung tut, ganz ehrlich zu sein.

Ich muß nicht ständig lieb und brav sein.

Eine Frau wird sich immer aufopfern, wenn man ihr Gelegenheit dazu gibt. Es ist ihre bevorzugte Form der Selbstbefriedigung.

W. Somerset Maugham

Wenn wir geben, um unser Ego zu streicheln und unsere eigene Wichtigkeit zu erhöhen, dann geben wir kaum etwas Wertvolles. Richtige Gründe, um Opfer zu bringen, sind Mitgefühl, Liebe und innerer Antrieb. Dann wird Großzügigkeit zu einer Form von Dankbarkeit.

Der Unterschied ist spürbar. Mit Unentbehrlichkeit verherrlicht man sich selbst. Aufopferung ist selbstlos.

Heute bin ich dankbar dafür, anderen etwas geben zu können – einfach weil es mir Freude macht.

Wenn du sofort Erleichterung willst, versuche das Tempo zu mäßigen.

Lily Tomlin

Um den Streß zu reduzieren, können wir entweder Beruhigungspillen schlucken oder unseren Lebensstil ändern. Das erste wirkt rasch, das zweite dagegen dauerhaft.

Solange wir nur die Symptome behandeln, können wir keine wirklichen Fortschritte machen bei der Wiedererlangung von Gesundheit und Wohlbefinden. Chronische Ängste, die sich in Magen- und Kopfschmerzen äußern, sagen uns, daß unsere Unentbehrlichkeit uns bei lebendigem Leibe verzehrt.

Arzneimittel behandeln nur das Problem. Um an die Wurzel des Übels zu gelangen, müssen wir zu Veränderungen in unserem Leben bereit sein.

Ich werde mich der Ursache annehmen; die Heilung erledigt sich dann von selbst.

Ich lebe so weit über meine Verhältnisse, daß man sagen könnte, wir lebten getrennt.

e. e. cummings

Wir trachten nach Reichtum in der Annahme, je mehr wir haben, desto mehr seien wir wert. Manchmal geraten wir damit in Schwierigkeiten. Sind knapp bei Kasse. Überziehen unser Konto. Verlieren den Überblick.

Das lohnt sich einfach nicht! In diesem endlosen Kreislauf von Konsumwahn und Verschuldung gehen wir uns selbst in die Falle, daß wir mehr und mehr leisten müssen, um nicht im Treibsand zu versinken.

Je mehr wir ausgeben, desto schwieriger wird es, Boden unter die Füße zu bekommen. Der erste Schritt ist, die Kluft zwischen Einkommen und Ausgaben zu überbrücken. Für einen Lebensstil zu bezahlen – mag er uns auch noch so sehr zusagen –, der uns umbringt, ist ein zu hoher Preis.

Ich habe genug.

Für Leute, die Ruhe und Frieden lieben, gibt's die telefonlose Schnur.

Anonym

Als mein Mann und ich die Kinder in den Ferien das erstemal in eine Blockhütte mitnahmen, brachen sie sofort in Freudengeheul aus. Ich schrieb ihre Begeisterung dem Umstand zu, daß wir direkt an einem See wohnten, daß es ein Ruderboot und Angelzeug und in der Nähe eine Ponyfarm gab.

Irrtum! Sie waren entzückt über das, was fehlte: ein Telefon! Es gab kein Geklingel beim Mittagessen, keine geschäftlichen Anrufe, die ihnen Mom und Dad abspenstig machten.

Ich denke darüber nach, wenn ich auf der Autobahn fahre und alle die Geschäftsleute sehe, die sich durch den dichten Verkehr schlängeln und dabei ihr schnurloses Telefon ans Ohr halten.

Wie konnten wir je ohne diese unglaubliche Erfindung auskommen? Um wieviel Frieden und Ruhe bringen wir uns selber dadurch, daß wir ständig und überall erreichbar sind?

Sie werden noch einmal anrufen.

Wenn du immer das machst, was dich interessiert, ist wenigstens einer zufrieden.

Katharine Hepburns Mutter

Unentbehrlichkeit ist eine aussichtslose Sache. Indem wir versuchen, alle anderen zufriedenzustellen, machen wir es niemandem recht.

Wir können nie bei allen Leuten hoch im Kurs stehen. Und bei den meisten werden wir uns auch kaum beliebt machen, da sie ihren eigenen Tagesablauf haben, in dem wir überflüssig sind.

Wir tun besser daran, unser eigenes Leben sinnvoll anzugehen und uns auf das zu konzentrieren, was uns interessiert, uns Anregung gibt und Freude macht. Dann können wir wenigstens sagen: «Was immer auch geschieht, ich bin mir selber treu.»

Ich möchte lieber Achtung genießen als Zustimmung erhalten.

So wie die Wellen unablässig ans Ufer rollen, werden auch wir von einem Gefühl der Dringlichkeit getrieben.

Ellen Sue Stern

Ein Gefühl von Dringlichkeit und Dramatik ist die Triebkraft hinter unseren Anstrengungen, ein gestecktes Ziel zu erreichen. Ironischerweise gelingt uns das aber um so weniger, je hektischer wir uns bemühen. Unser Atem geht schwer, unser Urteilsvermögen ist beeinträchtigt, wenn wir besorgt sind und in Problemen ertrinken.

Gelingen stellt sich ein, wenn wir uns ruhig von den Wellen tragen lassen; wenn wir gelassen an jede Aufgabe herangehen im Vertrauen darauf, daß wir das Ufer erreichen werden.

Was ich tue, ist wichtig. Was ich deswegen empfinde, ist dringend.

Wo kann ich eine Anorexie herkriegen?

Shelley Winters

Auf die Gefahr hin, respektlos zu scheinen, habe ich dieses Zitat ausgewählt, weil es sehr gut trifft, wie uns zumute ist, wenn wir uns überessen.

Aus Furcht vor Mangel – davor, daß es nicht genug geben wird, mag es sich um Truthahn oder Liebe handeln – stopfen wir uns voll bis zur Halskrause. Wir essen mehr, als uns bekommt, statt daß wir aufhören, wenn wir satt sind.

Dieses Jahr wollen wir uns bewußtmachen, was Erntedank bedeutet: eine Zeit, auch an die zu denken, denen es weniger gut geht, und Dank zu sagen für die uns im Leben geschenkte Fülle.

Ich bin gesättigt.

NOVEMBER

Der Augenblick, in dem wir uns ändern, ist die einzige schöpferische Leistung.

Adrienne Rich

Allerheiligen leitet bei uns meistens den bevorstehenden Winter ein.

So wie die Blätter sich färben und im Herbst vom Baum fallen, verändern auch wir uns. Mit jeder Jahreszeit unseres Lebens haben wir immer weniger Tricks und Künstlichkeit nötig. Wir brauchen uns nicht mehr hinter Masken zu verstecken, uns keine neue Identität zuzulegen, um zu verdeutlichen, zu wem wir werden.

Wenn der Herbst in den Winter übergeht, bereiten wir uns darauf vor, uns auch unter den veränderten Bedingungen warm und behaglich zu fühlen.

Ich bin ich, zu jeder Jahreszeit, immer.

Männer lehrt man, sich für ihre Schwächen zu entschuldigen, Frauen für ihre Stärken.

Lois Wyse

Wenn diese Aussage stimmt – und ich glaube, daß sie es tut –, dann stimmt es ebensosehr, daß man Männer lehrt, ihre Stärken zu verherrlichen, und Frauen ihre Schwächen.

Diese Art sexistischer Anpassung schadet uns allen. Männer, denen man das Recht der Verletzlichkeit abspricht, können unmöglich wachsen. Frauen, denen Macht und Stärke verweigert wird, machen sich unentbehrlich, um sich auf diese Weise das Gefühl zu verschaffen, daß sie über ihr Leben bestimmen.

Wir alle müssen unsere Stärken und Schwächen für uns beanspruchen, ohne in der einen oder anderen Hinsicht zu übertreiben.

Ich verdiene es, ganz zu sein.

So wie ich hier vor dem Spiegel stehe, frage ich mich, ob ich mich an einer philosophischen Wegkreuzung befinde, wo Eitelkeit, Modebewußtsein, Furcht vor dem Altwerden und Unsicherheit sich treffen und zusammenstoßen.

Mary-Lou Weisman

Mit Würde alt werden ist eine schöne Vorstellung – bis das Alter uns einholt. Dann kämpft in uns Selbstliebe gegen Selbstverachtung, wobei letztere sich notgedrungen daraus ergibt, daß unsere Zeit besessen ist vom Kult der Jugend. Zwanzig ist sexier als dreißig. Mit Vierzig ist man aus dem Rennen.

Wenn wir die mittleren Jahre erreichen, zucken wir bei unserem Anblick im Spiegel zusammen, wünschen uns ein strafferes, faltenfreies Gesicht. Wir geben eine Menge Geld für Schönheitscremes aus, die uns vor den Anzeichen des Alters zu bewahren versprechen. Wir ziehen kosmetische Chirurgie in Betracht – die letzte Verneinung der Zeit.

Der einzige Sieg ist, daß wir so weit kommen, uns so zu akzeptieren, wie wir älter und reifer werden, und die Linien in unserem Gesicht als die Landkarte unseres Lebens zu lesen.

Ich werde immer besser.

Glück ist nicht etwas, das man empfindet, es ist etwas, woran man sich erinnert.

Oscar Levant

Die Jagd nach dem Vergnügen hindert uns daran, dieses im Augenblick selber zu empfinden. Wie Touristen hängen wir uns unsere Fotoapparate um den Hals, und unsere einzige Sorge ist, die beste Pose vor dem malerischsten Hintergrund einzunehmen. So bekommen wir fabelhafte Bilder für unser Ferienalbum.

Unterdessen verpassen wir es, das Gesehene und Gehörte in allen Feinheiten zu erfassen und als etwas Neues, Besonderes zu erleben. Ein Sonnenuntergang am Meeresstrand ist eher ein hübsches Postkartensujet als ein herrlicher Augenblick, in dem die Zeit stillsteht. Die Atmosphäre einer fremden Kultur – sei es Paris oder Petersburg – bleibt uns einen Schritt entrückt, während wir versuchen, sie für die Nachwelt festzuhalten.

Erinnerungen sind schön, aber nicht um den Preis des unmittelbaren Erlebens. Souvenirs verblassen vor den unbezahlbaren Augenblicken des Hier und Jetzt.

Es geschieht genau jetzt.

Punkt 8 meiner Liste: Ich werde eine Liste von allem machen, was ich zu tun habe, damit ich genau weiß, worüber ich mir Sorgen machen muß.

Ellen Sue Stern

Warum stellen wir immer wieder Listen zusammen? Welche bösen Geister können wir mit unseren ewigen Notizen bannen – diesen fruchtlosen Versuchen, Ordnung in unser Leben zu bringen?

Organisation ist eine Illusion. Wir täuschen uns, wenn wir meinen, wir könnten die unzähligen Anforderungen, die unser Denken beherrschen, in den Griff bekommen, wenn wir sie zu Papier bringen und numerieren. Die Erleichterung ist kurzlebig. Wir schaffen uns höchstens noch mehr Anspannung, wenn wir den schriftlichen Dienstplan unserer Unentbehrlichkeit vor uns haben. Je länger die Liste ist, desto mehr regen wir uns auf und checken immer wieder durch, was noch alles zu tun bleibt.

Vielleicht wäre es an der Zeit, die Listen wegzuwerfen, sich lieber nur eine Sache vorzunehmen, sie zu erledigen und dann ruhig an die nächste heranzugehen.

Heute werde ich der Versuchung widerstehen, eine Liste aufzustellen.

Mut zu haben für das, was immer im Leben auch kommen mag – darin liegt alles.

Hl. Teresa von Avila

Das Leben birst vor Überraschungen – eine Realität, der die Unentbehrlichen sich hartnäckig widersetzen.

Wir möchten immer wissen, was als nächstes geschieht. Wir machen einen Plan, legen uns auf ihn fest, führen ihn aus, und dann – bums! – greift das Leben ein, und wir sind gezwungen, auf der Stelle spontan zu reagieren.

Wie es uns angesichts des Unberechenbaren ergeht, sagt eine Menge über uns aus. Sind wir starr, unfähig, uns auf die unvorhergesehene Situation einzustellen? Oder können wir Mut und Selbstvertrauen aufbringen, um mit dem, was auf uns zukommt, fertig zu werden?

Oft ist das, was kommt, besser als alles, was wir hätten planen können. Aufgeschlossen zu sein ist an sich schon eine Belohnung.

Ich hätte es selber gar nicht besser planen können.

Das einzige, was eine Frau an einem Mann verändern kann, ist, ihm die Windeln zu wechseln, wenn er noch ein Baby ist.

Natalie Wood

Beinahe vom ersten Augenblick der Begegnung an versuchen wir, unseren Partner zu ändern – ihn dazu zu bringen, teilnehmender, mitteilsamer, intimer im Ausdruck seiner Gefühle zu sein.

Es ist vergebliche Liebesmüh. Solange wir an dem Glauben festhalten, wir könnten eine Veränderung herbeiführen, werden wir frustriert und enttäuscht sein. Sollen wir einen Kompromiß schließen? Bestimmt. Oder ihn zu etwas machen, was er nicht ist? So ein Vorhaben ist zum Scheitern verurteilt.

Ich will ihn nehmen und lieben, wie er ist. Ich kann ihn nicht ändern.

Ich glaube, was Frauen mit Groll erfüllt, ist nicht so sehr, daß sie sich für etwas in Stücke reißen, als daß sie sich für eine sinnlose Sache zerreißen.

Anne Morrow Lindbergh

Es zeugt für unser Talent, daß wir leicht auf wechselnde Situationen umschalten können. Eben noch haben wir Schokoladenplätzchen für eine ganze Kindergesellschaft gebacken, gleich darauf trösten und beraten wir eine Freundin, und als nächstes müssen wir kompetent und geschickt eine Komiteesitzung leiten.

Manchmal fühlen wir uns in Stücke gerissen und von dem Tempo unserer ständigen Identitätswechsel überfordert. Was uns rettet, ist, daß wir das, was wir tun, mit Überzeugung tun. Wenn jede einzelne Entscheidung bewußt und eindeutig getroffen wird, dann fügen sich die Stücke zusammen.

Ich habe mich absichtlich dafür entschieden, an vielen Orten zu geben.

Man merkt nie, was schon getan wurde; man kann bloß sehen, was noch zu tun bleibt.

Marie Curie

Vielleicht ist dies der Schlüssel zu großen Entdeckungen – sich auf das zu konzentrieren, was vor einem liegt, statt bei dem zu verweilen, was bereits erreicht wurde.

Es braucht jedoch einen Ausgleich. Der Erfolg hängt zum Teil auch von unserer Fähigkeit ab, Vollbrachtes zu schätzen, das, was wir auf unserem Weg gelernt haben, zu integrieren und zu nutzen.

Wenn wir zu sehr darauf ausgerichtet sind, uns der nächsten großen Herausforderung zu stellen, bringen wir uns selbst um die verdiente Befriedigung über das schon Erreichte. Es lohnt sich, wenigstens einen Augenblick innezuhalten, sich das, was wir schon getan haben, bewußtzumachen und sich darüber zu freuen.

Ich habe eine Menge getan. Es bleibt noch eine Menge zu tun.

Der Weg ist das Ziel.

Zen-Weisheit

Vor vielen Jahren nahm ich an einem Kurs für Eltern angehender Schulkinder teil. Eines Morgens sprach eine Spezialistin für frühkindliche Erziehung über die Notwendigkeit, unseren Kindern ein positives Feedback zu geben. «Wenn Ihr Kind ein Bild gemalt hat», sagte sie, «dann sagen Sie nicht: ‹Was für ein großartiges Bild! Jetzt bin ich aber stolz auf dich, daß du das gemalt hast.›, sondern besser: ‹Bravo! Da hast du aber schwer gearbeitet, um all die grüne und rote Farbe auf das Papier zu bringen.›»

Ich verstand den Unterschied. Die erste Aussage drückt Lob für das Resultat aus, das unser Kind durch seine Leistung erreicht hat; die zweite vermittelt ihm unsere Anerkennung für die Mühe, die es sich gegeben hat.

Ich versuche immer, mich daran zu erinnern, wenn ich mich zu sehr mit dem Resultat beschäftige statt mit dem Vorgang, wie ich es erreiche.

Der Erfolg liegt im Tun.

Ich bin so etwas wie ein umgekehrter Paranoiker. Ich habe die Leute im Verdacht, mich glücklich machen zu wollen.
J. D. Salinger

Unentbehrliche Frauen sind zu Recht mißtrauisch, wie andere Menschen uns beurteilen. Es ist uns so gut gelungen, uns zu verkaufen, daß wir nie sicher sind, ob wir um unserer selbst willen geliebt werden oder als Ergebnis eines meisterhaften Marketings.

Die einzige Möglichkeit, es herauszufinden, ist, die Verpackung zu öffnen und andere sehen zu lassen, was sich darin befindet. Wenn wir ganz echt wir selber sind, haben wir nichts zu befürchten; dann besteht keine Gefahr, daß man uns durchschaut.

Unsere Paranoia verringert sich, wenn wir darauf vertrauen können, daß andere sich aus den richtigen Gründen zu uns hingezogen fühlen – weil wir nämlich so sind, wie wir sind. Dann können wir, statt der Zuneigung und Aufmerksamkeit zu mißtrauen, uns an diesen erwärmen.

Es gibt viele aufrichtige Gründe, warum andere Menschen mich mögen.

Wenn es keine letzte Minute gäbe, dann würde gar nichts erledigt.

Anonym

In unserem Perfektionismus zaudern wir und warten, bis unser Termin fast abgelaufen ist, gelähmt von der Furcht, daß alle unsere Anstrengungen nicht genügen.

Hetze steigert unsere Besorgnis nur noch mehr. Was wir in letzter Minute zustande bringen, ist gekennzeichnet von Streß und Adrenalin; das Äußerste, was wir erhoffen können, ist Erleichterung, nicht aber die ruhige Zufriedenheit, die sich aus einer gut gemachten Arbeit ergibt.

Es wäre besser, wir würden langsam und bedächtig vorgehen. Dann können wir, statt am Ende wie verrückt auf die Ziellinie zuzurennen, anhalten und uns die Zeit nehmen, unser Werk zu begutachten.

Die letzte Minute ist nicht die beste Zeit, um zu beginnen.

Den Sinn erhält das Leben einzig und allein durch die Liebe. Das heißt: Je mehr wir zu lieben und uns hinzugeben fähig sind, desto sinnvoller wird das Leben.

Hermann Hesse

Heute ist der Geburtstag eines Menschen, der mir besonders viel bedeutet.

Bei diesem erstaunlichen Mann lerne ich, zu lieben und geliebt zu werden. Nicht, weil ich Eindruck auf ihn gemacht oder ihn zu meinen Ansichten bekehrt hätte, sondern wegen der kleinen, undefinierbaren Eigenschaften, die das Wesen eines Menschen ausmachen.

Ich lerne, mit ihm zusammenzusein, ohne mich unentbehrlich zu machen, ohne mich zu scheuen, ihn um etwas zu bitten, ohne ihm jeden Wunsch von den Augen abzulesen oder jeden Kummer zu umgehen.

Gemeinsam lernen wir, unser Vertrauen in eine tiefe, dauerhafte Verbindung zu setzen. Gemeinsam lernen wir, uns an das zu halten, was real und sicher ist.

Die Liebe macht mein Leben sinnvoller.

Wenn du es nicht verhindern kannst, denk nicht weiter darüber nach.

Carmel Myers

Das ist einmal ein vernünftiger Rat! Wozu sich verrückt machen, wenn man doch nichts tun kann?

Aber es ist leichter gesagt als getan. Wir können den von unseren Sorgen angetriebenen inneren Motor nicht einfach abstellen. Das geht uns gegen den Strich. Selbst wenn wir es besser wissen, sind wir zwanghaft beunruhigt und nervös.

Unsere Achtjährige hat ihr Aufgabenheft zu Hause vergessen, und jetzt kämpfte ich mit mir selber, ob ich es ihr in die Schule bringen oder sie die Folgen tragen lassen soll. Die Resultate unseres regelmäßigen Check-ups lassen auf sich warten, und schon gehen mir die schlimmsten Befürchtungen durch den Kopf.

Da, wo wir wirklich etwas unternehmen können, lohnt es sich, darüber nachzudenken und etwas zu tun. Wo nicht, sollten wir loslassen. Erst wenn wir uns mit einer Situation abfinden, können wir aufhören, uns mit Dingen zu quälen, auf die wir ohnehin keinen Einfluß haben.

Ich werde handeln, wenn ich damit etwas ändern kann.

Gliedern Sie Ihr Leben in Einheiten von Tagen.

Dale Carnegie

Wir belasten uns schwer, indem wir uns Sorgen machen über das Morgen und alle folgenden Tage. Wenn wir aber unsere Aufgaben in Tageseinheiten aufteilen, ist das Leben bedeutend leichter zu bewältigen.

Heute ist Dienstag. Da muß ich meine Blumen gießen, die Wäsche zusammenlegen, die Schreibtischplatte putzen. Morgen ist Mittwoch. Wenn mein Schreibtisch aufgeräumt ist, kann ich Rechnungen bezahlen. Am Donnerstag brauche ich mich um all das nicht mehr zu kümmern und kann mich etwas anderem widmen.

Sich immer nur einen Tag auf einmal vornehmen – das ist das beste Rezept, um gesund zu werden. Es gilt ebensogut für das Aufhören mit der Einnahme von Medikamenten, dem übermäßigen Essen, dem Glücksspiel und dem Sich-unentbehrlich-Machen. Es gilt für jeden mutigen Versuch, unsere Lebensqualität zu verbessern.

Heute brauche ich nur das zu machen, was heute getan werden muß.

Fehler sind ein Teil des Lehrgelds, das wir für ein volles Leben bezahlen.

Sophia Loren

Wir meinen, daß wir uns nur genügend unentbehrlich zu machen brauchen, um entweder überhaupt keine Fehler zu machen oder so gut zu sein, daß man sie übersieht oder uns verzeiht. Doch Fehler sind gerade das, wodurch wir lernen und wachsen; sie sind das unvermeidliche Ergebnis, wenn wir uns voll und ganz ins Getümmel des Lebens stürzen.

Die einzige Art, Fehler zu vermeiden, ist, daß wir uns in einem Zimmer einschließen und nie herauskommen. Man stelle sich vor, was wir dann alles verpassen!

Fehler gehören zum Vertrag mit dem Leben.

Wir fordern uns gegenseitig dazu heraus, noch witziger, noch cleverer zu sein… Das ist, wie Freunde sich lieben.

Annie Gottlieb

Genauso wie die leidenschaftlichsten Liebenden ab und zu das Bett verlassen müssen, so müssen auch wir imstande sein, bei unseren Freunden «abzuschalten».

Einer meiner Bekannten beklagt sich darüber, daß er nicht mehr auf Partys gehen mag, weil seine Freunde ihm ständig zusetzen, doch mal «den Witz von dem und dem» zu erzählen. Er fühlt sich ins Rampenlicht gezerrt, wenn er manchmal lieber im Hintergrund bliebe.

Jemanden unter Druck zu setzen gehört nicht zu einer Freundschaft. Wenn wir in Stimmung für Witze oder geistreiche Bemerkungen sind, dann ist es gut. Wenn wir aber traurig oder gehemmt sind oder in Ruhe gelassen werden möchten, dann ist das auch in Ordnung.

Ich kann mich bei meinen Freunden entspannen.

Ich konnte nicht auf den Erfolg warten … also habe ich ohne ihn weitergemacht.

Jonathan Winters

Man kann sich ein Beispiel an Menschen nehmen, die sich ein Ziel gesteckt und es auch erreicht haben, weil sie sich konsequent darum bemühten, sich weiterzuentwickeln und kreativ zu sein.

Kreativität setzt aber voraus, daß man bereit ist, eingefahrene Geleise auch einmal zu verlassen und etwas Ungewöhnliches zu wagen. Das bringt den nötigen Schwung und die Frische ins Leben.

Wenn Sie nicht nur das tun, was Sie tun müssen, sondern auch das, was Sie möchten, dann kann sich Ihre Unentbehrlichkeit in Kreativität verwandeln.

Heute will ich aus der Routine ausbrechen und etwas tun, was ich mir schon immer gewünscht habe.

Die «Expertin» kennt die richtige Antwort, die perfekte Lösung und die beste Art, mit allen Problemen fertig zu werden.

Ellen Sue Stern

Wir laden uns einen Berg an Arbeit dadurch auf, daß wir uns den Ruf einer Expertin zulegen. Selbst wenn wir unserer Sache nicht so sicher sind, geben wir uns den Anschein, als stünden wir über den Dingen.

Das ist eine ausgezeichnete Art, seine Energie zu erschöpfen – indem man ständig so tut, als sei man allen überlegen.

Eine Expertin zu sein entfremdet uns auch den Menschen, die uns etwas bedeuten. Wir berauben andere der Möglichkeit, uns wertvolle Hinweise zu geben und sich dabei wohl zu fühlen.

Jedermann zieht Nutzen daraus, wenn wir abwechselnd Experten sind.

Ich brauche keine Expertin zu sein, um geliebt und geachtet zu werden.

Sei nicht so bescheiden, so groß bist du nicht.

Golda Meir

Bescheidenheit und Großtuerei sind Kehrseiten derselben Medaille. Zu gut oder nicht gut genug für etwas zu sein, sind beides Wege, um uns vom Rest der Menschheit abzusetzen. Beide sind selbstzerstörerisch, beide rühren von unserem Widerwillen her, einzusehen, daß wir ganz gewöhnliche Sterbliche sind, genau wie alle anderen – manchmal unsicher, manchmal großartig und heroisch.

Falsche Bescheidenheit ist ein Anzeichen dafür, daß wir ins Unentbehrlichsein verfallen; daß wir uns aufblasen und uns entweder mit unseren Leistungen oder unseren Unzulänglichkeiten wichtig machen müssen.

In Wirklichkeit wären wir ganz in Ordnung. Wir brauchen es aber weder in die Welt hinauszuposaunen, noch brauchen wir zu flüstern.

Ich kann ganz zufrieden mit mir sein.

Was Frauen noch lernen müssen, ist, daß niemand ihnen Macht gibt. Man nimmt sie sich einfach.

Roseanne Arnold

Dem füge ich hinzu: Und niemand kann sie einem wieder wegnehmen.

Das ist für Frauen eine harte Lektion. Wir wurden gelehrt, uns durch andere stark zu fühlen – dadurch, daß wir nett und folgsam sind und das tun, was andere von uns zu erwarten scheinen. Solange unsere Eltern, Geliebte, Freunde, Arbeitgeber, ja selbst unsere Kinder eine gute Meinung von uns haben, gibt uns dies vorübergehend das Gefühl, etwas wert zu sein.

Wirkliche Stärke entsteht durch tiefe Selbsterkenntnis und den festen Glauben an den uns innewohnenden Wert, der unabhängig davon ist, was wir sagen oder tun. Wahre Macht ist nicht etwas, das man erwirbt; sie ist unser natürliches Erbe.

Ich akzeptiere meine Macht.

Macht ist das beste Aphrodisiakum.

Henry Kissinger

Ein Mensch, der selbstsicher auftritt und einen cleveren Eindruck macht, übt eine starke Anziehungskraft auf andere aus. Wir dürfen darüber aber nicht vergessen, daß Sanftmut und Verletzlichkeit ebenso schätzenswerte Eigenschaften sind.

Auch wir erleben Tage, an denen wir uns allen anderen überlegen vorkommen – doch auch solche, an denen wir unsicher und kleinmütig sind und Unterstützung nötig haben. Wir sollten gegenseitig nicht nur unsere Erfolge anerkennen, sondern uns auch dann Zuneigung bezeugen, wenn wir weniger erfolgreich sind.

Ich zeige den anderen meine Zuneigung – in guten und in bösen Tagen.

Verwechsle nie Bewegung mit Handeln.

Ernest Hemingway

Was für eine perfekte Unterscheidung für unentbehrliche Frauen, die unentwegt unterwegs sind, doch nicht unbedingt auf ein sinnvolles Ziel zusteuern.

Wir verwechseln sehr leicht Geschäftigkeit mit gezieltem Handeln, vor allem, wenn wir uns in der Tretmühle befinden. Wir reden uns selber ein, daß wir irgendwohin kämen, während wir in Wirklichkeit auf der Stelle treten.

Unablässige Geschäftigkeit ist ein Unentbehrlichkeitssymptom. Handeln ist ein Zeichen der Gesundung. Den Unterschied erkennt man folgendermaßen: Erstere ist fahrig und zwanghaft; letztere dagegen ruhig und überlegt.

Ich will mich auf ein Ziel zubewegen.

Wende dein Gesicht der Sonne zu, dann siehst du die Schatten nicht.

Helen Keller

Helen Kellers Sieg des Geistes über riesengroße Handicaps flößt uns allen Respekt ein.

Sie erinnert uns daran, daß die Schatten unserer Angst besiegt werden können, wenn der Wille da ist. Eingedenk ihrer doppelten Behinderung durch Taubheit und Blindheit sind wir um so dankbarer für alles, was wir haben: unsere fünf Sinne, unsere Gesundheit, die wunderbare Fähigkeit, das Licht sehen und den Sonnenschein auf unserem Gesicht fühlen zu können.

Obwohl wir uns Sorgen machen – und wir tun dies nicht zu knapp! –, haben wir doch so viel. Es ist wichtig, daran zu denken.

Ich bin dankbar.

In erster Linie verlieren wir die Verbindung mit uns selbst. Wir haben weder die Zeit noch die Ruhe, unsere innersten Reserven anzuzapfen, jenen Teil von uns, der heilig und mit Gott verbunden ist.

Ellen Sue Stern

Feiertage können ein einziger erschöpfender Marathonlauf von Kochen, Gäste bewirten und turbulentem Familienleben sein.

Sie können aber auch zu Tagen werden, an denen Sie sich Zeit nehmen, um über Ihr Leben nachzudenken, über die Entscheidungen, die Sie getroffen haben, die Menschen, die Sie lieben. Erfüllen Sie Ihre Aufgaben und geben Ihrem Leben einen Sinn? Stellen Sie die Verbindung zu sich selbst, zur Natur wieder her und empfinden Sie die Heiligkeit des Universums.

In Zukunft will ich Sonn- und Feiertage so leben, daß ich dafür dankbar sein kann.

Ich habe endlich herausbekommen, daß der einzige Grund zu leben darin liegt, es zu genießen.

Rita Mae Brown

Das mag zwar nicht der einzige Grund sein, aber er steht bestimmt ganz oben auf der Liste.

Leben ist mehr als Arbeit. Zu leben – wirklich lebendig zu sein – heißt, die Gelegenheiten, sich zu freuen und das Leben zu genießen, die sich überall bieten, auch zu ergreifen.

Und doch leben wir so, als sei Glück nur eine zusätzliche Belohnung dafür, daß wir uns abrakkern.

Nein! Genuß ergibt sich ganz natürlich daraus, daß wir unsere Kräfte dafür einsetzen, woran unser Herz hängt. Sinnvolle Arbeit ist an sich und aus sich heraus etwas Befriedigendes. Enge menschliche Beziehungen, die auf wirklicher Verpflichtung beruhen, machen froh, selbst wenn sie schwierig und anspruchsvoll sind.

Wenn wir keine Freude empfinden, wird es Zeit, daß wir unsere Lebensweise überdenken.

Ich habe nur ein Leben.

Das Haus zu putzen, solange die Kinder noch klein sind, ist wie Schneeschaufeln, ehe es aufgehört hat zu schneien.
Phylis Diller

Ewig sammeln wir Buntstifte, einzelne Socken und Teile von Spielzeug ein und räumen auf. Zehn Minuten später sieht das Zimmer schon wieder aus, als sei ein Wirbelsturm hineingefahren.

Wozu machen wir uns eigentlich die Mühe? Weil wir Freude und Stolz empfinden, ein ordentliches Heim mit möglichst wenig Durcheinander zu haben.

Hausarbeit ist eine großartige Lektion im Loslassen. Wir müssen uns darauf einstellen, wie wohl wir uns fühlen, wenn unser Haus blitzsauber ist, statt frustriert zu sein, wie rasch unsere Arbeit zunichte gemacht wird. Wenn wir von Augenblick zu Augenblick, von Zimmer zu Zimmer Befriedigung erfahren, dann können wir die Früchte unserer Arbeit genießen, wie kurzlebig die Freude auch sein mag.

Ich putze mein Haus, weil ich gerne ein sauberes Haus habe.

Hätte mich jemand vor wenigen Jahren eine «unentbehrliche Frau» genannt, so hätte ich es als Kompliment aufgefaßt. Heute weiß ich es besser.

Ellen Sue Stern

«Was würde ich nur ohne Sie tun?» ist der Ausspruch, der das Herz jeder Unentbehrlichen höher schlagen läßt, denn unersetzlich zu werden war ja das, was wir uns vorgenommen hatten und wofür wir ein Übermaß an Arbeit leisten.

Als Unentbehrliche auf dem Wege der Besserung habe ich glücklicherweise eingesehen, wie negativ sich mein Verhalten auf die Dauer auswirkt. Nicht nur laufe ich Gefahr, mich selbst zu zerstören, da ich mich ständig überfordere, sondern auch alle meine menschlichen Beziehungen aufs Spiel zu setzen. Niemand möchte sich fortwährend abhängig fühlen und sein Leben von jemand anders kontrollieren lassen.

Ich habe andere Alternativen, als mich unentbehrlich zu machen.

Die beiden Dinge, mit denen man im Leben am schwersten fertig wird, sind Mißerfolg und Erfolg.

Unbekannter Autor

Wenn wir in unsere Unentbehrlichkeit verstrickt sind, empfinden wir einen Mißerfolg als Zwang zum Erfolg, und ein Erfolg löst Angst vor Mißerfolg aus.

Keines von beiden stärkt das Vertrauen, das wir brauchen, um unser Bestes zu geben, sei es in der Arbeit oder in der Liebe.

Die Angst, nicht zu genügen, macht uns verkrampft und unsicher; nichts fließt, wenn wir darauf fixiert sind, uns selbst zu beweisen. Der Erfolg stellt sich ganz von selber ein, wenn wir uns entspannen und das genießen, was wir tun; wenn wir mit Bedacht handeln, ohne uns darüber Gedanken zu machen, ob wir den ersten Platz einnehmen – oder den letzten.

Es gibt nicht so etwas wie Versagen, solange ich mein Bestes gebe.

Meiner Meinung nach muß man den Regen in Kauf nehmen, wenn man einen Regenbogen haben will.

Dolly Parton

Gestern abend sah ich beim Nachhausefahren nach einem so heftigen Wolkenbruch, daß ich anhalten mußte, einen doppelten Regenbogen.

In wenigen Minuten veränderte der Himmel seine Farbe von Grau über Schwarz bis zu Blau. Der Kontrast war hinreißend schön. Die farbigen Streifen des Regenbogens erstreckten sich in weite Ferne, während ich dasaß und staunte, wie die dunkelsten Gewitterwolken sich zu atemberaubender Schönheit verwandelten.

Genau so folgt auch auf dunkle Zeiten in unserem Dasein ein tieferes Verständnis für die Schattierungen unseres Lebens. Wir können das eine nicht ohne das andere haben – Regen und Regenbogen, Schmerz und Freude gleichen sich gegenseitig aus.

Laß es regnen!

DEZEMBER

Die Phantasie ist der Drachen, den man am höchsten steigen lassen kann.

Lauren Bacall

Alles, wovon wir träumen, wird zu einer Möglichkeit.

Darum ist es so wichtig, daß wir unserer Phantasie ihre Höhenflüge lassen. Unentbehrliche Frauen sind voller Energie und Ambitionen, doch begrenzen wir unseren Horizont viel zu oft durch ein zu strenges Bild, das wir uns von uns machen.

Wenn wir uns an eine unumstößliche Identität klammern – ich weiß, wer ich bin, und ich werde mich nicht so bald ändern –, hemmen wir unser eigenes Wachstum.

Es ist schön, eine klare Vorstellung zu haben, wer wir sind. Es ist aber noch schöner, sich kühnen Höhenflügen hinzugeben, wer wir werden können.

Ich werde meiner Phantasie nicht die Flügel stutzen.

Wenn Wahrheit Schönheit ist, wieso läßt sich dann niemand in einer Bibliothek die Haare machen?

Lily Tomlin

Wenn Schönheit Wahrheit ist, wieso liest dann niemand beim Friseur große Literatur?

Weil wir lieber nur die neueste *Vogue* durchblättern, während wir uns die Haare färben oder Dauerwellen machen lassen. Ganz zu schweigen von der Unterhaltung mit anderen Frauen unter der Trokkenhaube.

Es ist entspannend und regenerierend, sich einmal eine Pause von den strengen Anforderungen unseres Lebens zu gönnen. Wir begeben uns ganz in fachmännische Hände und fühlen uns anschließend schön und bereit, an die Arbeit zurückzukehren.

Es ist wahrhaftig wichtig, sich schön zu fühlen.

Es ist ein Fehler, zu weit vorauszublicken. Das Schicksal ist eine Kette mit vielen Gliedern; man kann immer nur eines auf einmal handhaben.

Winston Churchill

Zukunftspläne zu schmieden kann nützlich sein, um sich Ziele zu stecken und sein Leben zu organisieren. Leben muß man jedoch in der Gegenwart. Sich Sorgen zu machen wegen Ereignissen, die noch in weiter Zukunft liegen, führt zu nichts. Machen Sie sich frei von solchen Ängsten, indem Sie sich sagen: «Ich kann warten, bis es soweit ist. Jetzt kümmere ich mich lieber um die Gegenwart.»

Das Heute ist mir wichtiger als das Morgen.

Der größte Reichtum ist Gesundheit.

Ralph Waldo Emerson

Die Versuchung ist groß, daß wir bei den schwindelerregenden Anforderungen unseres übervollen Terminkalenders unsere Gesundheit vergessen. Wir schlingen ein Sandwich hinunter, statt uns ein gesundes Mittagessen zuzubereiten. Wir verschieben den Check-up beim Hausarzt, statt ihm Vorrang zu geben.

Die Gesundheit sollte aber Vorrang haben! Ohne sie ist alles andere verloren. Wir können unser Ziel nicht erreichen, wenn wir uns krank und energielos dahinschleppen.

Es ist nie zu spät, damit anzufangen, sein Wohlbefinden ernst zu nehmen. Verpflichten Sie sich selbst dazu, von jetzt an Ihre Lebensqualität zu verbessern.

Ich bin es wert.

Früher oder später werde ich sterben; aber in Pension gehen werde ich nicht.

Margaret Mead

Älter werden heißt nicht, daß wir «den Laden schließen», sondern wir verkürzen bloß die Öffnungszeiten.

Für unentbehrliche Frauen ist der Gedanke an Pensionierung tödlich. Was werde ich tun, wenn ich nicht mehr arbeite? Wer bin ich dann noch, wenn ich nicht irgendwas tue?

Es gibt so viele wunderbare Dinge, die man tun kann, und alle haben ihren Wert. Einen Garten pflegen. Zeit mit den Kindern und Enkeln verbringen. Ein Buch lesen, mit dem man nicht schon nach drei Stunden fertig ist.

Ich für meinen Teil kann es kaum erwarten.

Es gibt viele verschiedene Stadien im Leben.

Während ich mit den Fehlern und Unvollkommenheiten meiner Kinder vertraut werde, entdecke ich meine eigenen wieder.

Ellen Sue Stern

Heute, am Geburtstag meiner Tochter, wird mir wieder einmal bewußt, wie erhebend und zugleich beschämend es ist, Kinder zu haben. Wir staunen, daß uns diese wundersamen Geschöpfe geschenkt werden, doch sehen wir uns zwangsläufig mit ihrer – und unserer eigenen – Unvollkommenheit konfrontiert. Wir sind ständig herausgefordert, unsere Kinder trotz ihrer Fehler zu lieben. Und jedesmal, wenn wir ihnen nicht gerecht werden, stehen wir vor unserer eigenen Fehlbarkeit, im besten Fall mit Mut und der Bereitschaft, uns zu ändern.

Wenn wir unsere Kinder bedingungslos akzeptieren, sie nach ihren Fehlern mit Liebe und Ermutigung überhäufen, heilen wir auch die Überreste unserer eigenen Beschämung. Wir lernen eine wichtige Lektion des Lebens: Wir sind alle unvollkommen. Das macht uns nicht weniger wert, geliebt zu werden.

Meine Kinder zu lieben ist eine Gelegenheit, mich selbst lieben zu lernen.

Eines meiner Probleme ist, daß ich alles verinnerliche. Ich kann Wut nicht äußern. Ich lege mir statt dessen ein Magengeschwür zu.

Woody Allen

Wut erschreckt unentbehrliche Frauen. Wir unterdrücken sie entweder oder erklären sie übertrieben ausführlich.

Tief im Innern glauben wir nicht, daß wir das Recht haben, wütend zu sein. Wir haben Angst, daß unsere Mitmenschen uns nicht mehr lieben, wenn wir Wut zeigen. Statt dessen kehren wir die Wut nach innen, wo sie gärt und zu Selbstverachtung und Scham wird.

Um diesen Teufelskreis zu durchbrechen, braucht es den Mut zu sagen:

Ich bin wütend.
Das und das ist der Grund.
Und so und so will ich es haben.

Kann es sein, daß ich vergessen habe, Kinder zu kriegen?
Redensart

Ich habe diesen Spruch auf T-Shirts, Autoaufklebern und in verschiedenen Witzzeichnungen gesehen. Immer wieder bin ich verblüfft über den bitteren Humor dieser schmerzlichen Aussage, die den Kampf der heutigen Frauen zwischen der Sehnsucht nach Kindern und dem Wunsch nach beruflicher Karriere verdeutlicht.

Jede Entscheidung verdient gleich viel Respekt. Worauf es ankommt, ist, daß wir bewußt aus der Überzeugung handeln, unsere Wahl entspreche dem, was wir uns aus tiefstem Herzen wünschen, nicht nur jetzt, sondern auf lange Sicht.

Möge unser Leben nie so voll sein, daß wir vergessen, darüber nachzudenken, was uns erfüllen soll.

Ich vergesse keines der wichtigen Dinge.

Der Künstler und der Liebende wissen beide, daß Perfektionismus nicht liebenswert ist. Die Ungeschicklichkeit eines Fehlers ist es, die einen Menschen liebenswert macht.

Joseph Campbell

Die kleinen Eigenheiten und Unzulänglichkeiten sind es, die wir bei anderen so reizend finden. Dennoch stellen wir an uns selber große Ansprüche, um uns anstelle ähnlicher Unvollkommenheiten einen makellosen Anstrich zu geben.

Machen Sie ein Experiment: Das nächstemal, wenn Sie müde, trübsinnig und schlechter Laune sind, rufen Sie eine Freundin an, stöhnen und jammern Sie, und geben Sie sich so elend, wie Sie sich fühlen. Ich gehe jede Wette ein (es sei denn, Sie verhielten sich regelmäßig so), daß Sie liebevollen und ermutigenden Zuspruch erfahren werden, zum Teil, weil das Unglück gern Gesellschaft hat, vor allem aber, weil andere Menschen uns lieben, wenn wir unsere Zurückhaltung aufgeben.

Ich werde andere Menschen sehen lassen, wie ich bin.

So wie unsere Hände, wenn wir sie vor die Augen halten, die höchsten Berge verdecken, so hindert uns die Routine des täglichen Lebens daran, das überwältigende Leuchten und die geheimen Wunder zu sehen, von denen unsere Welt erfüllt ist.

Chassidische Weisheit

Wir tauchen völlig unter in unserer Unentbehrlichkeit; unsere endlosen Aktivitäten und Ablenkungen machen uns blind.

Doch jeder Augenblick bietet uns eine Wahl. Wir können die Augen fest zumachen und das Licht ausschließen. Oder wir können die Fenster weit öffnen für die Wunder, die uns umgeben.

Jedesmal, wenn wir wahrnehmen, wie sich die Küchenvorhänge im leichten Luftzug bauschen, jedesmal, wenn wir uns hinknien und unseren Kindern gerade in die Augen sehen, sind wir lebendiger und uns der Schönheit der Welt bewußter. Wir blikken empor und erspähen die Spitze des Berges.

Heute nehme ich meine Hand vor den Augen weg, damit ich die Welt als Ganzes sehe.

Der einzige Grund, warum ich mit Joggen anfangen würde, ist der, daß ich wieder einmal ein Keuchen hören könnte.

Erma Bombeck

Ich weiß, daß dieses Zitat auf Sex anspielt beziehungsweise auf das Fehlen von Sex. Aber zuerst möchte ich auf Körpertraining zu sprechen kommen.

Beides hat einen Zusammenhang. Unentbehrliche Frauen neigen dazu, entweder sitzende Workaholics zu sein oder hart trainierende Fitneßfanatiker. Keins von beiden ist der Liebe oder der Romantik sehr förderlich, aber beide sind Mittel, um unser Bedürfnis nach Sex zu sublimieren.

Training sowohl wie Geschlechtsverkehr sind wichtig, um unsere Sinnlichkeit neu zu beleben und unserem Leben das nötige Gleichgewicht zu geben. Wir brauchen das Glühen und das Hochgefühl einer schweißtreibenden Betätigung.

Sex ist ein großartiges Training. Trainieren ist großartig für Sex.

Boyfriends waren ganz und gar keine Freunde; sie waren Preise, Begleiter, Erfolgssymbole.

Susan Allen Toth

Für uns, die wir in den fünfziger und sechziger Jahren erwachsen wurden, drehte sich alles darum, sich einen Jungen zu angeln.

Unser Ansehen stieg gewaltig, wenn wir damit angeben konnten, von einem Jungen ins Kino eingeladen zu sein oder ein Armband mit seinem Namen zu tragen. Wir wurden von unseren Freundinnen glühend beneidet.

Es ist immer noch ein schönes Gefühl, von einem Mann beachtet zu werden, aber wir brauchen keinen festen Begleiter mehr zu haben, um uns zu bestätigen. Mit wachsendem Selbstbewußtsein haben wir es nicht mehr nötig, Männer zu sammeln, damit wir unser Ansehen vor aller Welt steigern.

Ich brauche keinen widergespiegelten Ruhm. Mein Ruhm kommt aus meinem Inneren.

Hinter der Fassade der Unentbehrlichkeit ist ein verzweifeltes Bedürfnis nach Sicherheit.

Ellen Sue Stern

Wir wünschen uns, daß andere Menschen hinter unsere Fassade blicken könnten. Wir möchten, daß sie wissen – ohne daß wir es ihnen sagen –, wie verletzbar wir sind und daß wir Anerkennung und Zuneigung brauchen.

Und doch erwecken wir nach außen den Anschein völliger Unabhängigkeit. Wir haben alles im Griff! Es geht uns glänzend, wir haben gar keine Hilfe nötig, vielen Dank.

Wir müssen uns geliebt, gebraucht, notwendig, sicher fühlen. Wir sind deswegen nicht weniger kompetent, einfach nur zugänglicher.

Es liegt an uns, dafür zu sorgen, daß unser Inneres mit dem äußeren Bild übereinstimmt. Es liegt an uns, nicht mehr zwei verschiedene Botschaften auszusenden. Nur dann bekommen wir, was wir brauchen.

Meine Fassade versteckt mein wahres Ich und verhindert, daß ich bekomme, was ich brauche.

Man gebe mir ein Dutzend solcher Liebeskummer, wenn es helfen würde, daß ich ein paar Pfund verliere.

Colette

Du meine Güte, was wir doch alles auf uns nehmen, um das Schönheitsideal irgendeiner Frauenzeitschrift zu erreichen! Während des Studiums kannte ich Mädchen, die ständig mit Männern schliefen, weil sie gehört hatten, daß dies eine gute Methode sei, um Kalorien zu verbrennen.

Wir werden erwachsen, nehmen Hunderte von Pfunden zu und wieder ab und hören nicht auf, uns verrückt zu machen, weil unser Bauch vorsteht oder unsere Oberschenkel zu dick sind.

Zwanzig Jahre später machen viele eine «Scheidungsdiät» durch – ein tiefer Kummer, ein langer Leidensweg, und siehe da, endlich habe ich Größe 40!

Es muß einen leichteren Weg geben.

Man kriegt kein Magengeschwür von dem, was man ißt. Man kriegt es von dem, was einen auffrißt.

Vicki Baum

Wir können das, was innerlich an uns nagt, nur eine gewisse Zeit verleugnen, ohne daß wir dafür mit körperlichen Beschwerden bezahlen.

Wenn wir unsere Gefühle mit Unentbehrlichkeit zudecken und sie schwären lassen, werden überall Schmerzen auftauchen. Wir bekommen Kopfweh, Magenweh, Zahnweh, Rückenschmerzen. Eine meiner Bekannten wurde in einem einzigen Jahr auf Lyme-Borreliose, chronisches Müdigkeitssyndrom, Mononukleose und Aids untersucht. Als sie sich endlich eingestand, daß sie in ihrer Ehe das, was sie brauchte, nicht bekam – und sich von ihrem Mann löste –, verschwanden auch ihre Krankheitssymptome.

Wir müssen ruhig dasitzen und darauf hören, was unser Körper uns sagt.

Mit Krankheit zeigt mein Körper mir an, daß ich einhalten und auf ihn hören soll, denn es geht eine Menge in ihm vor.

Ich bin, was ich bin. Entweder bist du damit einverstanden, oder du läßt mich bleiben.

Rosario Morales

Es ist großartig, so viel Selbstsicherheit zu haben, um das sagen zu können und es ernst zu meinen. Und doch frage ich mich, ob wir uns ganz so schrill äußern müssen, um unseren Standpunkt klarzumachen.

Wenn wir beginnen, von unserer Unentbehrlichkeit zu genesen, mögen wir vielleicht übereifrig sein, wenn wir Grenzen ziehen und unsere Unabhängigkeit geltend machen. Wir haben so lange allem zugestimmt, daß es nur natürlich ist, wenn wir jetzt etwas über die Stränge schlagen.

Nach und nach schwingt das Pendel wieder zurück zur Mitte. Wir lassen uns von niemandem Vorschriften machen, aber wir sind behutsamer im Umgang mit anderen.

Ich bin, was ich bin. Entweder bist du damit einverstanden, oder du sagst mir, wie du darüber denkst.

Ich habe mich kaputtgemacht beim Versuch, einen Mann zu finden, der meinen idealistischen Vorstellungen entsprach.

Hirbayashi Taiko

Am Anfang projizieren wir unsere Bedürfnisse auf unseren Partner; dann wird uns allmählich klar, daß er so ist, wie er ist, und nicht so, wie wir ihn gerne hätten.

Im Verlauf dieser Entwicklung verlieren wir unsere Illusionen. Wenn wir der Realität ins Gesicht blicken müssen, versuchen wir entweder, ihn zu ändern, oder wir halten Ausschau nach jemandem, der unserer Phantasievorstellung mehr entspricht.

Das ist eine erschöpfende, endlose Suche. Das, wonach wir suchen, kann in einem anderen Menschen nicht gefunden werden; wahre Liebe entsteht nicht dadurch, daß wir dem «perfekten» Partner begegnen. Sie verlangt vielmehr, daß wir uns von der Illusion freimachen, irgendein Mensch könnte uns den tiefen Frieden und die Sicherheit geben, nach denen wir ständig suchen.

Wenn ich mit dem Suchen aufhöre, kann ich sehen, was wirklich da ist.

Wir sind die Sklaven unserer Lebenshaltung.

Carolina Maria de Jesus

Je mehr wir haben, desto mehr wollen wir. Kleider, Autos, CD-Spieler – unser Konsumbedürfnis kennt kein Ende, wenn wir erst einmal begonnen haben, es zu befriedigen.

Das Muster ist unsinnig. Wir machen Schulden, um uns all die Spielzeuge und Leckerbissen kaufen zu können, mit denen wir uns selbst dafür belohnen, daß wir so hart arbeiten müssen. Statt unsere Wertvorstellungen neu zu beurteilen, geraten wir in die Falle eines Lebensstils, der viel zuviel kostet.

Viele von uns sind in diesem Teufelskreis gefangen. Der Ausweg ist, daß wir uns Rechenschaft geben, was wir haben, was wir brauchen, und ob uns das Ganze bereits über den Kopf wächst. Wenn dies so ist, wird es Zeit, sich auf seine Grundbedürfnisse zu besinnen.

Ich möchte vieles haben. Aber ich brauche nur wenig.

Ich habe nie gesagt: «Ich will allein sein.» Ich habe nur gesagt: «Ich möchte allein gelassen werden.»

Greta Garbo

Die Garbo – rätselhaft bis zuletzt – schützte ihre Privatsphäre bis zu ihrem Todestag.

War sie am Ende ganz allein und verlassen? Wie viele von uns, die wir unsere Unabhängigkeit heftig verteidigen und nicht wollen, daß man uns sagt, wie wir zu leben haben, führen wohl ein Leben ohne Freundschaft und menschliche Gesellschaft?

Was können wir daraus lernen? Wenn wir auf unserer Selbständigkeit bestehen, Grenzen setzen, uns vor Beeinflussung oder Unterstützung verschließen, müssen wir darauf achten, daß wir nicht alle anderen zurückstoßen. Wir müssen anderen Menschen sagen – offen und ehrlich –, daß wir sie in unserem Leben haben möchten.

Ich brauche nicht einsam zu sein.

Wenn man aufhört, sich unentbehrlich zu machen, leistet man mehr.

Ellen Sue Stern

Warum? Weil man gezielter denken kann.

Wenn wir wie verrückt im Kreis herumlaufen, können wir uns kaum konzentrieren und noch viel weniger gute Arbeit leisten. Wir beeilen uns mit einer Sache, ängstlich darauf bedacht, uns schon mit der nächsten zu befassen. Wir vergeuden wertvolle Zeit und Energie damit, das von uns angerichtete Durcheinander aufzuräumen, statt uns der nächstliegenden Aufgabe zu widmen.

Gesundung von unserer Unentbehrlichkeit bedeutet, daß wir Ordnung schaffen und uns nicht für belanglose Kleinigkeiten verausgaben. Wir richten unser Augenmerk auf das, was wichtig ist, erledigen sehr viel mehr und sind zufriedener mit dem, was wir getan haben.

Weniger ist mehr.

Der wahre Grund, warum wir uns selber so wenig kennen, liegt darin, daß es uns schwerfällt, richtig Abstand von uns zu nehmen.

Amiels Tagebuch

Unsere Unentbehrlichkeit macht, daß wir den sprichwörtlichen Wald vor lauter Bäumen nicht sehen. Unsere Klarsicht wird dadurch getrübt, daß wir immer mittendrin stecken.

Wir sollten einen Schritt zurücktreten, damit wir einen Überblick über das gewinnen, was wir tun. Der richtige Abstand ist es, der es uns ermöglicht, unser Leben unter einem besseren Blickwinkel zu sehen.

Ein freier Tag oder auch nur ein paar Augenblicke im Bett, um Tagebuch zu führen, verhelfen uns dazu, uns besser zu kennen. Wenn dies eine unmögliche Vorstellung zu sein scheint, ist das der beste Grund, es zu tun.

Wenn ich Abstand nehme, kann ich ein größeres Bild sehen.

«Wissen Sie», sagte ich, «die Leute sammeln gerne Katastrophen.»

Agatha Christie

Wir verschlingen die Sensationsmeldungen der Boulevardpresse und schmücken unsere Beschreibung einer Krisensituation aus, um uns lebendiger zu fühlen. Ein vorübergehendes Problem wird beim Erzählen aufgebauscht, das belangloseste Detail bekommt mehr Gewicht, als es verdient.

Sich im Zentrum eines Wirbelsturms zu befinden, ist aufregend und bringt Abwechslung. Wir haben so viel dabei zu tun. Wir kommen uns wichtig vor. Katastrophen verlangen Notmaßnahmen, die die Unentbehrliche sofort in eine freiwillige Feuerwehrfrau verwandeln.

Krisen gibt es jede Menge. Die größere Herausforderung ist aber, sie zu meistern, ohne daß die Sirenen aufheulen.

Wenn ich Ruhe und Frieden pflege, bin ich auf eine wirkliche Krise, falls sie kommen sollte, besser vorbereitet.

Geheimnis: Wenn du dir selbst und anderen nicht die Wahrheit über deine wirklichen Bedürfnisse sagst, vertreibst du die Liebe aus deinem Leben.

Barbara De Angelis

Wir leugnen unsere Bedürfnisse, weil wir befürchten, daß sie nicht befriedigt werden, daß andere schlecht von uns denken, nur weil wir sie ausgesprochen haben. Wir geben vor, von niemandem auch nur irgend etwas zu brauchen. Und das führt genau dazu, daß wir nichts bekommen.

Dabei verdienten wir so sehr viel mehr. Wir müssen aber bereit sein, das Risiko einzugehen, auch zu äußern, was wir brauchen.

Der erste Schritt ist, mit sich selbst ehrlich zu sein: Ich bin einsam … Ich brauche eine gute Freundin, mit der ich reden kann. Ich habe Angst … Ich brauche jemanden, der mich in die Arme nimmt und tröstet. Der zweite Schritt: Teilen Sie diese Gefühle mit einem Menschen, zu dem Sie Vertrauen haben, oder mit einem Geliebten.

Ich brauche andere Menschen.

«Ich frage mich», sagte er, «ob die Sterne leuchten, damit jeder eines Tages den seinen wiederfinden kann.»

Antoine de Saint-Exupéry

Heiliger Abend... Wir blicken hinauf zum Firmament.... zu dem überwältigenden Schauspiel des unendlichen, funkelnden Sternenhimmels.

Wir empfinden das Wunder des Lebens, sagen Dank für die Wohltaten eines weiteren wunderbaren Jahres auf Erden.

Möge es friedvoll und freudenreich sein, und möge jeder seinen Stern finden.

Frohe Weihnachten!

Wer verstünde es wohl besser, uns zu ärgern und zu provozieren, als unsere Familie? Und wem, außer den Familienmitgliedern, würden wir solche Macht zugestehen?

Melody Beattie

Unsere Gesundung ist am meisten gefährdet, wenn wir im Familienkreis sind. Wir sind auf dem besten Weg, und dann verbringen wir die Feiertage zu Hause und werden zu übererregbaren, deprimierten Vierzehnjährigen, die auf eine Schlägerei aus sind.

Es ist verständlich, daß wir in unserer eigenen Familie am verwundbarsten sind. Hier ist unser ungesundes Verhaltensmuster entstanden. Hier haben wir gelernt, unentbehrlich zu sein. Als Mittel, um zu überleben. Als ein Weg, um geliebt zu werden. Und gebraucht zu werden.

Wenn unser Heilungsprozeß einsetzt, wird der ganze Familienapparat bedroht. Statt jedoch unsere Gesundung aufs Spiel zu setzen, müssen wir uns möglicherweise eine Zeitlang distanzieren. Bis wir stärker geworden sind. Bis wir uns gesund und sicher fühlen können.

Ich liebe meine Familie; aber ich bin vielleicht nicht imstande, jetzt gerade mit ihnen zusammenzusein.

Ich habe noch nie einen Mann um Rat fragen hören, wie er Ehe und Beruf miteinander verbinden kann.

Gloria Steinem

Meine erste Reaktion auf dieses Zitat war: «Ja!» Ich habe es gründlich satt, daß Männer immer an ihre Arbeit verschwinden dürfen, während die Frauen ständig zwischen der Aufrechterhaltung ihrer Ehe und dem Aufbau einer beruflichen Karriere hin- und hergerissen sind.

Bei näherer Überlegung habe ich mich jedoch gefragt, ob dies nicht ein überholtes Klischee ist. Ich kenne mehr und mehr Paare, die gemeinsam arbeiten, wobei jeder sich bemüht, die Aufgaben des Familienlebens mit den strengen Anforderungen des Geldverdienens in Einklang zu bringen.

Vielleicht wäre hier eine Gelegenheit, von den Männern zu lernen. Statt uns zu ärgern, daß sie meinen, alles haben zu können, sollten wir davon ausgehen, daß wir mehr haben können, als wir meinen.

Ehe und Beruf schließen sich nicht gegenseitig aus, solange wir Gefährten sind, die einander helfen.

Ich habe überlebt, weil ich zäher war als irgend jemand anders.

Bette Davis

Wie zäh müssen wir eigentlich sein, damit wir uns in dieser Welt durchsetzen?

Jetzt, da wir auf das 21. Jahrhundert zugehen, ist es von entscheidender Bedeutung, daß wir uns frei fühlen, unsere Weiblichkeit auszudrücken, ohne deshalb unsere Macht zu gefährden. Daß wir einer Ära Lebewohl sagen, da die Frauen die Männer nachahmten, um vorwärtszukommen.

Erfolg beruht nicht darauf, daß wir mit Härte vorgehen oder unsere Weichheit unterdrücken. Alles, was wir sind – die zähe und die zärtliche Seite –, kann uns helfen, unsere Ziele zu erreichen.

Ich muß nicht kämpfen, um zu gewinnen.

Alle Frauen möchten andere zu etwas drängen. Frauen beobachten Gesichter, Stimmen, Gesten, Stimmungen.

Marge Piercy

Meine Tochter Zoe geht zum Kindergeburtstag einer Freundin. Die anderen kleinen Mädchen laufen fröhlich Schlittschuh rund um die Eisbahn, kichern und treiben allerlei Allotria.

Zoe steht an der Balustrade und mustert aufmerksam jedes Mienenspiel, wobei sie sich der Beziehungen voll bewußt ist, die zwischen den Kindern bestehen. Ist irgendein kleines Mädchen ausgeschlossen worden? Bilden sich neue Bündnisse? Ist ein Kind darunter, das eine Kameradin oder eine Umarmung braucht?

Sie beobachtet, um zu wissen, was vor sich geht. Hier ist eine unentbehrliche Frau im Entstehen, die schon weiß, daß sie nie, keine Minute nachlassen kann.

Ich werde manchmal die Augen schließen.

Vera fragte: «Warum hast du das Gefühl, aus allem eine Geschichte machen zu müssen?»

Also sagte ich ihr, warum.

Weil ich nämlich, wenn ich eine Geschichte erzähle, deren Fassung kontrollieren kann.

Nora Ephron

Wir möchten immer gerne das erste Wort haben. Und das letzte.

Es ist äußerst wichtig, die Realität zu bestätigen, indem wir das, was geschehen ist, aufpolieren – in unseren Worten, auf unsere Art.

Wir möchten sicher sein, daß wir den richtigen Eindruck machen, und nichts dem Zufall überlassen.

Über die Interpretation anderer haben wir tatsächlich keine Kontrolle. Manchmal müssen wir uns damit begnügen, das zu wissen, was wir wissen, ohne irgend jemand von irgend etwas zu überzeugen.

Ich vertraue meiner eigenen Version der Wahrheit. Niemand anders braucht sie zu akzeptieren.

Mein Bestes ist wahrlich genug.

Ellen Sue Stern

Es dauert vielleicht unser ganzes Leben, bis wir es glauben. Daß wir nämlich nichts anderes zu tun brauchen, als ehrlich und engagiert zu sein, von Herzen zu geben mit all der Liebe und Leidenschaft, deren wir fähig sind.

Dies ist unsere Aufgabe im Erwachsenenalter: an uns selber zu glauben. Zu akzeptieren, daß unsere Grenzen zugleich Herausforderungen sind, zu wachsen, Türen zu öffnen und hindurchzugehen – manchmal sich hindurchzudrängen –, nachdem wir uns jahrelang gegen die inneren Stimmen zur Wehr gesetzt haben, die sagen, wir seien nicht gut oder liebenswert genug.

Wir sind es aber! Es liegt nur an uns, an jedem einzelnen Tag zu uns zu sagen:

Ich bin ein wirklich wertvolles menschliches Wesen.

Ehe ich mich zu hoch aufschwinge, muß ich tief in die Erde hinabsteigen, um die Erde zu finden und auf ihr zu bleiben. Ich stehe im Leben. Ich lebe.

Anaïs Nin

Ganz gleich, in welche Höhen wir uns erheben, letztlich müssen wir unseren Halt in der Erde finden, im Zentrum unseres Seins.

Wenn wir wissen, wer wir sind und worauf es wirklich ankommt, brauchen wir uns nicht mehr unentbehrlich zu machen. Wir lieben uns selber und lassen uns von denen lieben, die um uns herum sind. Wir fühlen uns ihnen weder entfremdet noch überlegen; wir gehören zum Menschengeschlecht.

Wir wollen das neue Jahr mit einem Gebet und einem Lied beginnen und dafür danken, daß wir leben dürfen.

Ein gutes neues Jahr!

In der Reihe *Meditationsbücher für Frauen*
sind bisher erschienen:

Maureen Brady
Mitten im Leben
Tägliche Meditationen zur Selbstbestärkung
und inneren Erfüllung

*

Amy E. Dean
Ruhe finden
Tägliche Meditationen für alle,
die sich vom Druck des Alltags befreien wollen

*

Diane Mariechild
Mit mir selbst in Harmonie
Weibliche Spiritualität für jeden Tag

*

Caroline Adams Miller
Ich lebe gerne
Tägliche Meditationen der Zuversicht
und inneren Stärkung

SCHERZ

Carol Staudacher

Tage der Trauer, Tage der Heilung

Tröstende und stärkende Meditationen

*

Ellen Sue Stern

Das Leben neu gewinnen

Tägliche Meditationen zur Überwindung von Trennung und Abschiedsschmerz

SCHERZ